현명한 부동산 투자의 시작
숨어 있는 토지 개발로
10억 만들기

현명한 부동산 투자의 시작

숨어 있는
토지 개발로
10억
만들기

노연길 지음

매일경제신문사

금융기관에서의 직장생활을 마무리하고, 2006년 건설면허를 취득해 서울 양재동에서 건설회사를 시작했다. 건설업의 경험이라곤 일천한 상태였다. 금융기관에 근무하면서 건설회사들의 신용조사 및 건설업에 대한 시황분석 등을 했던 경험과 퇴임 후 2년여의 건설회사 임원 생활이 전부였다.

나름대로 영업에는 자신이 있었기에 서울의 신규면허를 가지고 건설사업에 과감히 뛰어들었다. 어려움도 있었지만, 열심히 영업해 수주금액과 현장이 늘어나면서 직원 수도 늘었다. 관급공사와 함께 조금씩 성장하면서, 땅을 사서 직접 건물을 지어보기도 했으나 짧은 건설 경험으로 쉽지만은 않았다.

그때부터 토지 개발과 토목공사 등에 관심을 두게 됐고, 후배의 토목공사 현장을 자주 방문하게 됐다. 토목공사는 건축공사와 달랐다.

2,000~3,000평은 예사고, 임야의 큰 구릉을 파헤치면서 포클레인, 덤프트럭 등의 장비들이 수시로 들락거렸다. 산을 깎고, 높은 보강토 옹벽을 쌓아 공장용지를 만들고, 도로를 만들어 아스콘 포장하는 과정들을 눈여겨 익히면서 토지 개발사업에 입문했다.

토지를 보는 법, 주변의 분석과 인허가 과정 등 토지에 대해 깊이 있는 공부를 시작했다. 건설업에 입문할 때도 그랬지만, 용어도 모르고 어떤 땅을 사야 하고 공사를 어떻게 진행해야 하는지 등에 대해서 하나씩 배우기 시작했다. 처음에는 '보전관리지역', '계획관리지역'이나 '용도지역', '용도지구' 등 용어들도 아주 낯설었고, 시청의 개발행위허가 부서들의 문턱이 매우 높아 보이기도 했다. 토지에 대한 지식이 하나씩 쌓이면서 동 업계 지인들이 늘어나고, 토목사무소나 측량사무소를 자주 들락거리며 토목공사를 맡아서 직접 시공을 해보기도 했다. 그렇게 토지를 배우고 익혔다.

건설회사를 운영하면서 건축공사보다 토목공사가 더 부가율이 높다는 것은 이미 알고 있었지만, 토목에 대한 지식이 없었다. 조금씩 배우고 직접 시공을 해보니 충분히 이해가 됐고, 공사 이윤이 점점 줄어드는 건축공사와는 달리, 건설 출신이 아닌 내가 배우기도 훨씬 쉬웠다. 왜 진작 과감하게 뛰어들지 못했을까 하는 아쉬움이 생기기도 했다.

토목공사를 하나둘 하면서 자연스럽게 직접 토지 투자를 하게 되었다. 처음에는 임야를 소유하고 계신 분과 공동사업으로 시작했다. 인허가 및 토목공사와 공장용지 분양까지 맡아서 한 후 이익금을 나누는 방식이었다. 이익금을 나누는 단계에서 상호 간의 욕심이 조금씩 작용했으나 큰 무리 없이 마무리하게 됐고, 그 이후 본격적으로 토지 투자를 시작했다.

토지 투자로 큰 부자가 됐다는 이야기를 흔히 듣는다. 1년에 1~2건씩 투자해서 5년을 했더니 재산이 몇백 억 원이 됐다는 것은 주변에서 쉽게 들을 수 있는 이야기다. "진짜 큰 부자는 토지로 만들어진다"라는 사실에 대해서는 의심의 여지가 전혀 없다. 지금도 언론에서는 '땅 투기'라는 말을 종종 한다. 고위공직자들의 청문회나 재산 신고 등을 통해 드러나는 재산 현황을 보면 땅에 투자해놓으신 분들이 많다. 그것은 그야말로, 땅값이 오르면 팔아서 차액을 남기고자 하는 땅 투기라고 할 수 있다.

우리가 하고자 하는 것은 땅 투기가 아니라, 땅을 사서 개발해 주택부지나 공장용지를 공급하자는 것이다. 이는 서민주택 마련 및 중소기업의 제조공장 지원 등 국가정책사업에 이바지하면서, 연구와 노력에 대한 대가로 수익을 올리는 것이기에 사회적 생산활동에 참여하는 것이다. 토지 투자를 열심히 할수록 생산활동을 많이 하는 것이며 큰 부자가 되는 길이다.

하지만 토지 투자는 수익이 큰 업종이다 보니 세금이 점점 많아지고 있다. 그중 가장 큰 것이 양도소득세인데, 이는 소득의 차액에 대해서 세금을 부담하는 것이다. 많이 벌어서 세금을 많이 내는 것은 당연한 이야기다. 소득이 없는데 세금을 많이 부과하는 것은 부당하지만, 소득이 높아서 세금을 많이 내는 것은 애국하는 길이다. 세금을 낸 만큼 복리후생이 뒷받침되어 주지 못하는 것이 아쉬울 따름이다. 우리도 빨리 복리후생의 선진국이 되어, 유럽의 복지국가들처럼, 세금을 두려워할 필요가 없는 사회가 하루빨리 되기를 기대해본다.

끝으로 이 책이 나올 수 있도록 물심양면으로 지도해주신 〈한책협〉의 김태광 대표와 출판사의 한성주 대표를 비롯한 관계자분들, 특히 편집하느라 수고해주신 배성분 팀장님께 큰 감사를 드린다.

노연길

차례

토지 투자는 경매·공매도 한 방법이다

용도에 맞는 건물을 신축하면 토지 가치는 더 상승한다

제4장 땅을 분할해서 소규모 주택, 소규모 공장을 지어보자

제5장 화성에서는 공장을, 용인에서는 전원주택을 지어라

제 1 장

남들이 못 보는
땅에 기회가 있다

알아야 돈 버는
토지의 기본상식

부자가 땅에 투자하는 것이 아니라
땅에 투자해서 부자가 된다

우연히 땅을 샀는데 땅값이 올라서 큰돈을 벌었다는 이야기를 종종 듣는다. 땅을 볼 줄 알고, 그 땅의 미래가치 및 각종 개발 호재에 대한 정보를 가지고 있는 사람에게만 해당하는 이야기다. 아무나 땅을 산다고 해서 돈을 버는 것이 아니다. 현대인들에게는 돈 벌 기회가 많이 주어진다. 그 기회를 잡으면 돈을 번 사람이 된다. 국토의 면적이 적은 우리나라에서 땅에 대한 투자는 어떤 투자보다도 안정적이고 수익성이 높으며, 미래지향적 투자 방법이다.

IMF로 인해 혼란이 한창이던 1998년 초, 평소 친하게 지내던 선배

한 분이 채권 회수 목적으로 어쩔 수 없이 용인 수지에 있는 농지(田)를 인수하게 됐다. 그 농지는 도로에서도 한참 들어가야 하고, 길이 없어 아무짝에도 쓸모없는, 오직 농지로만 사용할 수 있는 땅이었다. 하지만, 몇 년 전 빌려줬던 돈을 받지 못하고 있다가, 채무자가 그 땅으로 대신 갚겠다고 하니 울며 겨자 먹기식으로 땅을 받게 됐다. 어떻든 그 선배는 본의 아니게 땅에 투자하게 된 셈이었다.

그로부터 약 2년이 지난 2000년이 되어 용인 수지에 아파트 신축 붐이 일었다. 그 일대에 아파트 단지들이 들어서면서 주변 땅값이 엄청나게 올랐고, 길도 없던 선배의 그 땅이 갑자기 아파트 여러 채 값이 되어 선배는 하루아침에 큰돈을 벌게 됐다. 그 후 선배는 땅에 매력을 느껴 지속해서 토지 투자를 하게 됐고, 지금도 토지 개발사업을 계속하면서 큰돈을 벌고 있다. 땅이 그 선배를 부자로 만들어준 것이다.

지목의 종류

모든 땅에는 땅의 사용 목적인 지목이 정해져 있는데, 2009년에 제정된 '공간정보의 구축 및 관리 등에 관한 법률' 제67조에 지목의 종류를 28개로 명시해놓고 있다. 공부상 등록된 지목의 종류는 자료 1-1과 같다.

순번	부호	지목	순번	부호	지목	순번	부호	지목	순번	부호	지목
01	전	밭(전)	08	대	대지	15	철	철도용지	22	공	공원
02	답	논(답)	09	장	공장용지	16	제	제방	23	체	체육용지
03	과	과수원	10	학	학교용지	17	천	하천	24	원	유원지
04	목	목장용지	11	차	주차장	18	구	구거	25	종	종교용지
05	임	임야	12	주	주유소용지	19	유	유지	26	사	사적지
06	광	광천지	13	창	창고용지	20	양	양어장	27	묘	묘지
07	염	염전	14	도	도로	21	수	수도용지	28	잡	잡종지

  자료 1-1에서 보듯이, 28개의 지목 부호 중 24개의 부호는 지목의 첫 글자를 사용하고, '공장용지, 주차장, 하천, 유원지' 등 4개의 부호는 두 번째 글자를 사용하고 있는데, '장-차-천-원'으로 기억하면 수월하다.

  부호별 지목은 단어 그대로 이해하면 되는데, 그중 '광(광천지)'이란 지하에서 온천·약수·석유류 등이 용출되는 용출구와 그 유지·관리에 사용되는 토지이며, '구(구거)'란 용수 또는 배수를 위해 일정한 형태를 갖춘 인공적인 작은 수로다. '유(유지)'는 물이 고여 배수가 잘되지 않는 토지나 저수지·호수·댐·연못 등의 토지를 말한다.

  지목은 자료 1-2의 지목 란을 확인하면 되고, 토지이용계획확인서 는 토지이음에서 발급할 수 있다.

자료 1-2. **토지이용계획확인서**(이 땅은 지목이 임야이고, 지역·지구·구역 등의 명시를 확인할 수 있다)

용도지역, 용도지구, 용도구역 등 토지 용어

우리나라의 토지는, 토지의 이용 상태 및 특성 등을 고려해 '국토의 계획 및 이용에 관한 법률'에 의해 관리되고 있다. 초보 토지 투자자라면 용도지역, 용도지구, 용도구역 등에 대한 정의를 정확히 이해해야 한다. 쉽게 말해서, 건물을 지을 수 있는 땅인지, 아닌지를 구분해주는 것으로 생각하면 된다. 용도지역 등의 확인은 자료 1-2의 '지역지구 등 지정 여부'를 보면 알 수 있다.

따라서 용도지역 등은 땅의 가치를 평가하는 기준으로서 땅의 계급 또는 땅의 가격을 결정하는 것이라고 이해해도 무방할 것이다. 다시 말해서, 토지에 지을 수 있는 건축물의 용도나 크기 등을 결정하기 때문에 용도지역 등을 정확히 이해하는 것이 매우 중요하며, 용도지역 등에 대한 지식이 없이 토지 투자에 나서는 것은 매우 위험한 일이다.

건축법상 도로

건축법에서는 도로를 가장 우선시한다. 토지 투자의 가장 기본적 요건이 되는 도로는 여러 종류가 있으나, 개발행위허가 신청 시 건축법상의 도로만 허가를 득할 수 있다. 건축법상 도로란 보행과 자동차 통행이 가능한 너비 4m 이상의 도로를 말하며, 땅이 도로와 2m 이상 접해 있어야 한다.

도로는 여러 가지로 나누어져 있다. 정부나 지자체에서 관리하는 도로를 '공도'라고 하고, 개인이 소유하고 있는 도로를 '사도'라고 하며, 공부상 명시되어 있지는 않지만, 실제 도로로 사용하고 있는 '현황도로', 그리고 도시계획시설도로의 줄임 말인 '계획도로'가 있다.

토지 투자 시 추가로 알아야 할 사항

토지 투자와 관련해 지금까지 설명한 내용 이외에 추가로 알아야 할 사항들이 있다.

첫째, 땅의 공시지가를 확인하고 시세와의 차이를 조사해본다. 이로

써 현재의 가치 반영 및 미래의 변동추이 등을 예측해볼 수 있다.

둘째, 개발하기 전의 원형지 상태의 시세 및 개발 후 대지 또는 공장용지가 됐을 때의 시세를 확인해보면 개발이익이 어느 정도인지 예측해볼 수 있다.

셋째, 진입로 공사 및 사업부지의 토목공사 비용이 대략 어느 정도 소요될 것인지를 예측해본다. 이 또한 개발이익을 예측하기 위한 절차다.

넷째, 토지 개발 후 분양할 때 진입로 및 단지 내 도로에 대한 지분을 몇 %씩 배분하는지 사전에 조사해둬야 한다.

다섯째, 토지 투자 및 부동산 개발 사업 관련한 세금에 대한 상식을 갖춰야 한다.

그 외에도 토지 투자를 위한 기초지식은 많을수록 좋을 것이고, 사례별로 처음부터 끝까지 리허설하듯 연습하고 연구하면, 누구나 토지 투자의 고수가 될 수 있다.

땅에 대한 상상력과
창의력을 발휘하라

무엇을 지을 것인가?

본인이 땅을 사든지, 지인이 땅을 소개해주면, 이 땅을 어떻게 활용하면 좋을지를 연구해야 한다. 먼저 땅의 지목, 용도를 정확히 파악하라. 그리고 여기에 무슨 건물을 지을 수 있는지, 또 어떤 건물을 지어야 쉽게 팔리겠는지를 정확히 분석하고 창출해내야 한다. 땅의 조건을 분석하고 주변의 현황을 고려해서 그 입지에 잘 맞는 건축물을 선정해보자. 전원주택을 지을 땅에 제조공장을 짓는다거나, 공장들이 둘러싸여 있는 지역에 빌라를 짓는다면 주변과 어울리겠는가! 기존 입주자들의 민원도 심할 것이고, 분양도 되지 않을 것이다.

토지 투자에 상상력과 창의력이 필요한 이유가 여기에 있다. 누구나

다 할 수 있는 일은 투자 가치가 떨어질 뿐 아니라 수익도 나지 않는다. 남들이 못하는 일을 하기 위해서 상상하고, 새로운 것을 만들어내어 수익을 창출해야 한다. 건물의 방향을 어느 쪽으로 잡을 것인지, 입구를 어떻게 만들 것인지 등을 생각하고 상상해서 만들어내면 그것이 곧 수익으로 연결된다.

어떻게 하면 가치를 높일까?

남산순환도로 아래쪽 이태원 2동의 어느 경사진 곳에 있는 토지를 개발한다고 가정해보자. 마을 자체가 비탈진 곳에 있어, 땅의 위쪽과 아래쪽의 높이 차이가 약 5~10m 정도인 곳이 있다. 이 경우 이 땅의 GL(Ground Level, 건축물의 기준 레벨)이 위쪽이라면, GL 아래는 건축물의 지하층에 해당한다. 지하층은 건폐율이나 용적률의 제한을 받지 않는다. 경사가 심한 이 땅에 건물을 신축하면, 지하층이라도 앞쪽은 땅속이 아니고 바깥이며 전망이 매우 훌륭하다. 건축허가 신청 시 지하층은 용적률에 포함되지 않기 때문에 2~3개 층만큼 더 건축물을 크게 짓고, 세대수를 늘려서 건축의 효율을 높일 수 있는 것이다. 건축의 효율은 수익과 직결된다.

도심지뿐 아니라 전원주택지 및 공장용지를 개발할 때도 마찬가지다. 각 토지의 개별 여건을 정확히 분석하고, 그 토지에 맞는 개발 형태를 생각하고 방법을 연구해보자. 또 개발행위허가 등을 통해 농지나 임야를 대지로 바꾸는 등 땅의 지목을 변경해 그 땅의 가치를 높일 수도 있다. 아무나 할 수 없는 것을 창조해내고, 땅의 가치를 높일 방안을 생각해내는 것이 창조적 토지 투자인 것이다.

토지 투자는 용도에 맞고 수익성이 높아야 한다

우리나라의 전 토지는 '용도지역'으로 나누어져 있고, 그 안에서 '용도지구'와 '용도구역'을 지정해놓고 있다. 따라서 본인이 하고 싶다고 해서 그 토지의 용도를 벗어난 개발행위를 할 수 있는 것이 아니다. 토지의 용도를 정확히 확인하고, 그 용도에 맞는 개발을 하면서 수익을 만들어야 한다.

정부에서는 국토종합개발계획에 따라서 5년마다 토지의 용도지역을 조정한다. 5년마다 용도지역을 바꾸는 것은 아니고, 한 번 정해진 용도는 특별한 사유가 없는 한 계속 유지된다고 이해하면 된다. 본인이 소유한 토지에 대해서 가끔 토지이용계획확인서를 발급받아 확인해볼 필요는 있다. 정부 정책상 본인에게 통보도 없이 '농업진흥구역'으로 변경을 해버리는 경우를 본 적이 있다. 자기 토지의 용도를 알아야 수익성을 극대화할 수 있다.

토지 투자에 상상력과 창의력을 부가하면
큰 수익이 창출된다

토지 투자에 상상력과 창의력을 부가하는 방법을 배워서 큰 수익을 창출해보자.

예를 들어, 도로가 없는 맹지이면 도로를 만들든지, 도로 없이 활용할 수 있는 방법이 있는지를 찾아본다. 도로를 만드는 방법은 여러 가지가 있다. 내 땅에 인접한 구거나 하천이 있으면, 그것을 이용해 도로를 만들 수도 있다. 그것이 없으면 인접한 땅을 사들이거나 토지사용승낙서를 받아서 도로를 만들면 된다.

토지 투자에 있어서 상상력과 창의력을 발휘할 기회가 흔치는 않다. 일반적 매매보다 경매나 공매 등에서 필요한 경우가 생긴다.

도로개설 등을 위해 수용 후 남은 작고 못생긴 조그마한 자투리땅을 경매나 공매에서 매입해 활용할 수 있는 방법을 연구해볼 수 있다. 또 주변 땅들의 개발이 진행될 때 그 속에 있는 조그마한 땅(흔히 '알박기'라고 표현되는 땅)을 매입해 투자 수익을 높이는 방법도 있다. 토지의 지분 경매에 참여해 수익을 창출하는 방법이 있을 수 있고, 농지의 경매나 공매에 참여해 그 농지를 농지연금 등으로 활용해볼 수도 있을 것이다.

대지나 농지 등에 대한 지분을 경매나 공매로 취득해 나머지 지분권자나 인접 토지주 등에게 비용을 추가 부담시켜 인수하게 하는 투자 방법도 있다. 이는 토지 투자자로서 좀 비굴한 방법이라고 생각할 수도 있겠으나, 이 또한 엄연히 법의 보장을 받으며 권리와 의무를 다하는 토지 투자의 일종이다. 경매나 공매는 그 목적이 분명해 채권자는 인정사정없이 법을 적용하는데, 투자자가 인정에 얽매일 필요는 없다. 합법적이고 정당한 방법으로 돈을 벌고자 하는 것이 토지 투자의 목적임을 다시 한번 강조하고자 한다.

규제가 있는 땅을 연구해보자

정부에서는 국토를 효율적이고 균형 있게 발전시키고, 무분별한 난개발 등을 방지하기 위해 토지마다 토지이용규제를 정해놓고 있다. 토지에 대한 규제는 30페이지의 자료 1-3 토지이용계획확인서의 주황색 박스를 보면, 각종 제한 및 허가사항들을 명시해 관리하고 있다. 따라서 개발행위허가나 건축허가를 신청하면, 토지별 규제사항에 저촉되는지를 하나하나 확인해 허가증을 교부해준다.

토지이용규제를 정해 놓고 있다고 해서 개발이 불가능한 것은 아니다.
예를 들어, 토지거래허가구역에서 거래허가를 받을 수 없다면, 경매나 공매를 이용해 토지를 취득하는 방법이 있다. 또 경매나 공매에서 농지를 낙찰받고자 한다면 농지취득자격 증명서를 해당 지자체의 면사무소에서 발급받으면 된다. 흔히 '농취증'이라고 하는데 이는 신청 후 3~4일이면 발급이 되고, 법무사를 통하거나 인터넷 등으로도 발급할 수 있다.

개발제한구역에 묶여 있는 토지라도, 인구가 늘어나는 지역 및 지역 발전이 급격하게 진행되는 지역 등에서는 개발제한구역을 해제시킬 가능성이 있으므로, 장기적 안목으로 이 지역의 토지 투자에도 관심을 가져볼 만하다.

일반적 토지 투자에서는 건축할 수 없는 토지는 절대 투자해서는 안 된다. 토지이용계획확인서에서 명시하고 있는 개발제한구역, 도시자연공원구역, 상수도보호구역, 하천구역(또는 소하천구역) 및 비오톱 1등급 지역은 절대로 건축을 허가하지 않는 지역이다. 그러나 국방군사규제, 재개발·재건축규제 및 문화재보호규제 지역은 현재는 규제하고 있지만, 해당 지자체의 담당 부서에 건축 가능 여부를 확인해볼 필요는 있다. 때에 따라서 건축이 가능할 수도 있기 때문이다.

남들이 꺼리는 임야나 농림지에 관심을 두자

임야의 용도지역은 보전산지와 준보전산지로 나뉜다. 보전산지는 절대농지와 같이 생각하면 되지만, 개발이 불가능한 것은 아니다. 예외규정을 적용해 투자할 수 있지만, 매우 까다롭고 비용이 많이 들기 때문에 토지 투자로 추천하지 않는다. 준보전산지는 제한적으로 개발활용이 되고 있다. 토지 가격이 낮고, 면적이 넓은 장점과 규제가 많으며, 개발비용이 많이 드는 단점이 공존한다. 전원주택지나 공장용지 등은 주로 준보전산지를 개발해 공급하고 있으니 임야 투자도 큰 관심을 가져볼 만하다.

   그리고 농림지라고 하면 거의 관심을 두지 않으려고 한다. 농림지에도 건축할 수 있고 개발행위허가를 득할 수 있다. 단지 농·임·수산업 등에 필요한 시설과 농가주택 등에 한해서 신축 허가를 득할 수 있어 농업인이 되어야 가능해진다. 따라서 농업인으로 등록하면 농가주택을 지어서 전원생활을 즐길 수가 있다.

맹지를 연구하라

맹지가 돈이 된다

도로가 없는 땅을 '맹지'라고 한다. 도로가 없으면 개발행위를 할 수 없다. 개발행위를 할 수 없는 땅은 그 가치가 시세의 절반 이하로 평가된다. 우리는 여기에 관심을 집중해보자. 시세의 절반 이하 가격으로 매수해서, 여러 가지 방법을 총동원해 도로만 개설하면 개발행위를 할 수 있다. 개발행위를 한 후 정상적인 시세로 분양하면, 그 수익성은 엄청나게 클 것이다. 맹지 개발의 매력이 바로 이런 것이다.

2016년 화성시 팔탄면의 맹지 1만 1,000평을 공장용지로 개발할 계획을 세웠다. 준보전산지 임야였고, 매매가격은 평당 28만 원이었다. 진입로는 소로만 나 있고, 사업부지까지는 200여 미터였다. 진입로를 만들어야 했다. 공인중개사를 통해 인접 토지의 지주를 만났다. 도로개설에 필요한 땅 400여 평의 사용승낙을 부탁했으나, 사용승낙 대신 그만큼의 토지를 매입하라고 했다. 매매금액은 평당 200만 원, 총 8억 원이었다. 사업지 1만 1,000평의 토지 대금은 총 30억 8,000만 원인데, 진입로는 8억 원이었다.

전체 개발면적 대비 진입로가 차지하는 면적의 비율은 3.6%인데, 진입로 땅값은 26%에 해당하는 금액이었다. 전체 개발면적 1만 1,400평을 평당 34만 원에 매입하게 된 결과였다. 도로에 접해 있는 준보전산지 임야의 경우 시세는 50~60만 원이었다. 진입로를 비싸게 매입했지만, 전체 땅을 시세보다 20여만 원 싸게 매입한 결과였다.

개발 후 공장용지의 분양가격은 평당 110만 원이었다.

인접 땅과의 관계를 연구해보자

도로가 없는 땅이라고 해서 무시하고 그냥 지나쳐버리지 말자. 앞에서 설명했듯이 맹지가 돈이 되고, 기회가 많을 수 있다. 맹지에 접해 있는 동서남북의 땅들과 관계를 따져보자. 도로에서부터 본 땅까지의 접근성을 따져보자는 것이다. 그중 국유지가 있을 수 있고, 구거가 있을 수 있다. 국유지나 구거가 있다면 아주 큰 행운일 수 있다. 국유지인 경우 한국자산관리공사(KAMCO, 캠코)에서 관리하고 있으므로, '국유재산 매수신청'을 해서 매입하면 된다. 또 구거인 경우에는 '구거점용허가'

를 받아서 도로로 사용할 수 있다.

만약 주변 지역이 택지개발지역이나 산업단지 등으로 개발계획이 있다면 도로의 유무와는 전혀 상관이 없다. 맹지라도 개발계획에 따라 토지를 수용해 보상금을 지급할 것이기 때문이다. 수시로 정보를 수집하고, 현장 방문을 통해 주변의 소문도 자주 들어볼 필요가 있다. 돈이 되는 맹지를 볼 줄 아는 안목은 그냥 생기는 것이 아니라, 경험과 노력을 통해 만들어지는 것이다.

맹지를 탈출하자

맹지를 탈출할 방법은 여러 가지가 있다.

첫째, 내 땅과 도로를 연결하는 필지를 매입하는 것이다. 가장 쉽고 간단한 방법이지만, 매입하는 토지의 땅값 전체를 부담해야 한다. 하지만 내 땅이 그만큼 늘어나는 것이므로 이 또한 큰 투자다.

둘째, 내 땅과 도로를 연결하는 필지의 주인으로부터 토지사용승낙서를 받는 방법이다. 물론 그 필지의 주인과 합의해야 하고, 토지 사용 대가를 지급해야 하므로, 시간은 다소 걸릴 수 있다. 그 대가는 적정해야 한다. 내 땅에 도로를 연결해 얻는 이익과 토지 사용 대가를 비교해보면 쉽게 적정한 가격을 산출해볼 수 있을 것이다.

셋째, 내 땅에 인접한 구거가 있는 경우 그것을 도로로 사용하는 것이다. 구거는 매입할 수도 있고, '구거점용허가'를 받아서 도로를 개설할 수 있다. 이 경우 대개 지자체들은 도로를 개설해 기부채납 하는 방식으로 승낙해준다.

맹지에 도시계획시설 도로계획이 있는 토지

현재는 도로가 없는 맹지이지만, 도시계획시설 도로개설이 예정된 땅이 있다. 도시계획시설 도로계획은 토지이용계획확인서에 표시되어 있다. 자료 1-3의 지역지구 등 지정 여부 – '국토의 계획 및 이용에 관한 법률'에 따른 지역·지구 등에 보면, '중로3류'라고 도시계획시설 도로의 종류 중 하나를 명시해놓고 있으며, 계획도로를 지적도에 실선으

자료 1-3. 도시계획시설 도로계획 및 각종 규제가 명시된 토지이용계획확인서

로 표시하고 있다.

매수하고자 하는 땅이 현재는 맹지이지만, 이렇게 도시계획시설 도로가 계획되어 있는 땅이면 매우 훌륭한 토지 투자가 될 것이다.

도시계획시설 도로의 종류는 광로 1~3류, 대로 1~3류, 중로 1~3류 및 소로 1~3류 등 총 12가지로 나누어져 있다. 도시계획시설 도로가 계획되어 있어도 그 도로개설 공사를 언제 하느냐가 매우 중요하다. 계획만 수립해 공부에 표시해놓고 오랫동안 도로개설 공사를 하지 않고 있는 경우도 허다하다. 이 경우에는 오히려 사유재산의 가치만 떨어뜨릴 뿐 전혀 도움이 되지 않는다.

도시계획시설 도로의 개설공사는 지자체의 장이 하므로, 해당 지자체의 도시계획과와 도로과에 전화해서 개설계획 및 실시계획을 문의해볼 수 있다. 한편 도로개설이 계획되어 있는 토지라고 해서 무조건 투자해서는 안 된다. 앞서 설명했듯이, 도로개설 공사가 언제쯤 실시되는지를 반드시 확인해야 한다. 토지를 매입했는데 도로공사를 하지 않고 있으면, 본인이 큰 비용을 들여서 직접 공사를 해야 할 수도 있다. 또한, 도로 계획이 취소되는 경우도 가끔 생긴다. 계획은 그야말로 계획에 불과해서 사정에 따라 변경될 수 있기 때문이다. 투자하기 전에 반드시 이런 경우도 고려해야 한다.

맹지는 충분히 연구한 후에 투자하라

지금까지 설명한 대로 맹지를 잘 연구하면 큰 수익을 만들 수 있다. 반대로 검토가 부족하거나 중요한 것을 빠트리면 크게 곤란을 겪을 수도 있다. 따라서 충분히 검토하고 철저하게 준비해서 토지를 매입해야 한다.

먼저 진입로를 확보한 후 맹지를 매입하라. 맹지인 토지에 대한 투자의 핵심이다. 진입로 확보가 선행되지 않거나 불분명할 때는 그 맹지 투자는 과감히 포기해야 한다.

맹지인 토지(사업지)에 대한 잘못된 투자 사례가 있다.

사업지에 대해서, 계약금만 지급하고 개발행위허가를 받은 후 잔금을 지급하는 조건으로 매입계약을 했다. 진입로에 대해서는, 6개월 후에 잔금을 지급하겠다고 잔금 지급 날짜를 확정한 계약을 체결했다. 토지사용승낙서를 받아서 개발행위허가를 신청했으나, 도시계획심의가 예상외로 많이 늦어졌다. 6개월이 지나도 허가를 못 받아 잔금처리를 못 하니 진입로 땅 주인은 계약을 파기하겠다고 다그쳤다. 이 사업자는 중간에 포기할 수 없어 진입로 땅 주인에게 상당한 금액을 추가로 지급하고 계약을 연장해 개발행위허가를 취득했다. 계획과 달리 진입로를 매우 비싼 가격으로 매입하게 된 사례다.

구거로 인해 맹지가 된 토지에 투자하고자 할 때도 마찬가지다. 먼저 구거점용허가나 구거매입의 절차를 구체적으로 확인한 후에 투자해야 한다. 구거라고 해서 지자체에서 무조건 신청자한테 승낙을 해주는 것이 아니기 때문이다. 지적도에는 구거가 없는데 현황상 구거가 있는 예도 있다. 이는 외관상 구거이지만, 실제는 개인 소유의 사유지이기 때문에 큰 낭패를 겪을 수도 있다.

맹지를 경매나 공매로 취득고자 할 때도 반드시 진입로를 먼저 확보한 후에 입찰에 응해야 한다. 진입로 땅 주인과 구두로 약속한 후 경매에서 낙찰받았는데, 땅 주인이 딴소리하는 일도 있다. 이 경우 더 큰 비용을 부담하든지, 아니면 입찰보증금을 전부 포기해야 할 수도 있다. 흔히 있는 일이기에 명심해야 할 사항이다.

생각을 바꾸면
돈이 보인다

토지 투자는 수익성이 높고 매우 안정적이다

부동산 투자자들의 가장 큰 관심은 아파트나 주택에 있다. 이는 거래가 간단하고 쉬우며, 매우 안정적이라고 생각하기 때문이다. 그러나 최근 아파트의 시세가 상승해 많은 초기 자금이 필요하고, 정부의 규제가 심해 투자하기가 쉽지 않다. 이에 따라 부동산 투자를 굳이 아파트나 주택에 국한할 것이 아니라, 토지 투자로 바꾸어 더 큰 수익을 올릴 것을 권하고 싶다.

토지 투자는 생각만큼 어렵거나 복잡하지 않다. 몇몇 제한 사항이나 규제 내용만 정확히 파악하면 안전하고 간단하며, 수익성이 매우 높은 것이다. 2020년 10월 26일의 〈아시아경제〉는 '하늘 높은 줄 모르는 땅값…. 10년 내내 오르기만 했다'라고 보도했다. '2010년 11월 이후 119개월 연속 상승세였으며, 지역별 정도의 차이는 있으나 특히 인구가 밀집해 있는 수도권의 경우 상승률이 매우 높았다'라고 한다.

토지 자체의 수익률도 높지만, 원형지 토지를 매입해 개발행위허가를 취득해서 매매하거나, 또는 건축행위를 한 후 매매하면 그 수익성은 극대화되는 것이다.

적은 돈으로도 투자할 수 있다

최근 아파트의 시세가 상승하고, 정부 정책에 의해 아파트 대출은 어려워졌다. 서울이나 수도권에서 아파트 투자를 하기 위해서는 최소한 수억 원은 있어야 가능하다. 하지만 토지 투자는 큰 자금이 필요한 것이 아니다. 적게는 몇백만 원에서부터 2,000~3,000만 원만 있어도 토지 투자가 가능하다. 땅에 관심을 가져보면 1,000만 원도 안 되는 땅이 의외로 많다. 땅에 대해 분석할 줄 알고 주변 여건을 고려할 줄 알면, 소액으로도 얼마든지 수익을 낼 수 있다. 수익이 날 수 있는 땅을 찾아서 투자하면 되는 것이다.

경매나 공매를 통해서 투자할 수도 있다. 경매·공매를 어려워할 필요는 없다. 조금만 공부하고 주변의 조언을 들으면 누구나 할 수 있다. 부동산 투자는 경험이 매우 중요하다. 특히 경매나 공매의 절차를 거쳐 투자할 때는, 처음에는 전문가의 도움을 받으면서 소액으로 하나씩 하다 보면 금방 익힌다. 소액으로 투자할 수 있는 땅이 의외로 많으며, 여러 사람이 공동으로 소액을 각출해서 투자할 수도 있다.

금융기관 이용이 매우 쉽다

아파트나 주택은 정부의 투기 근절 정책에 따라서 은행 대출을 이용하기가 점점 어려워지고 있다. 개인의 아파트 담보 가계 대출을 억제해서 아파트 투기를 근절시키고, 부동산 시장을 안정화하기 위한 정책을 강하게 추진 중이다. 반면, 중소기업을 위한 토지 담보 대출, 공장 담보 대출 및 공장 신축자금 대출 등은 중소기업 육성정책에 의해서 더욱 장려하고, 정부에서도 적극적으로 지원하고 있다. 그중에서도 제조업체는 지원받기가 더욱 수월하며, 담보비율도 우대해주고 있다. 중소 제조업체가 자가공장을 지을 경우, 토지 매입금액의 70~80% 및 공장 신축자금의 80%를 대출해주고 있다.

예를 들어, 중소 제조업체 A가 자가공장 200평을 신축하고자 할 때, 토지 매입비 5억 원과 공장 신축공사비 4억 원이 든다고 가정해보면, 총 9억 원의 자금이 필요하다. 이 경우 은행의 대출금을 활용하면, 자기 자금 1억 8,000만 원(전체 비용의 20%)으로 자가공장을 마련할 수 있다는 이야기다. 물론 A업체의 신용 평가상 하자가 없을 때 한하지만, 신용등급이 아주 우수하고, 은행거래 실적이 좋으면 대출을 더 많이 받을 수도 있다.

이처럼 토지 투자의 경우 금융기관 이용이 매우 수월한 장점이 있다. 투자자의 입장에서는, 토지를 개발해서 공장건물을 신축해 매각할 경우, 공장 매매가 되어 매매가격을 높일 수 있어 수익을 극대화할 수 있게 된다.

우리나라의 땅값은 떨어지지 않는다

'집값은 떨어져도 땅값은 절대 떨어지지 않는다'라는 말은 부동산 업계에서 흔한 말이다. 우리나라는 국토의 70%가 산지로 이루어져 있다. 2019년 기준, 국토면적은 세계 107위인 데 비해 인구밀도는 24위다. 또한, 우리나라의 인구밀도는 1㎢당 515명인데, 서울은 1㎢당 15,964명이고, 수도권은 1㎢당 2,179명이다. 산지를 제외한 국토면적 대비 인구밀도를 따진다면, 거의 세계 1위를 능가하지 않을까 싶다. 이렇듯 좁은 땅에서 많은 사람이 살아가야 하는데 땅값이 과연 떨어지겠는가!

지난 50년간 우리나라의 땅값은 어떻게 됐을까? 2015년의 한국은행 자료에 따르면, 2013년 기준, 지난 50년간 1㎡의 땅값은 19.6원에서 58,325원으로 상승해 2,976배나 올랐다고 한다. 명목상 토지의 자산 가액은 1조 9,300억 원에서 5,848조 원으로 3,030배가 올랐다. 엄청난 상승률이며, 정말 대단한 상승액이다. 산업의 발달로 인해 대도시 주변 땅이나 공장용지 등의 수요가 많아지고, 삶의 여유로 인해 전원생활을 위한 전원주택지 등의 수요가 늘어남에 따라 땅값이 계속 상승하고 있으며, 한번 오른 땅값은 떨어지지 않는 것이다.

내 땅을 리모델링도 해보고 성형도 해보자

토지에 투자할 때는 매각 시기를 어느 정도 예상하고서 토지를 매입한다. 물론 토지를 매입해서 아무 행위를 하지 않고, 일정 기간 보유했다가 이익을 남기고 매각하는 것도 토지 투자라고 할 수 있다. 하지만 일반적으로 토지 투자를 한다는 것은, 땅을 사서 개발행위를 통해 용도에 맞는 건물을 신축하고 분양해 수익을 극대화하는 것을 말한다. 그러기 위해서는 개발행위허가 및 토목공사, 신축공사, 분양 등의 절차를 거쳐야 한다. 토목, 건축 관련 지식이나 경험이 없어도 건설사를 이용하든지, 주변의 자문을 구하면 얼마든지 가능하다.

정보에 의해서 토지를 매입했으면, 토목공사나 건축공사를 하지 않더라도 토목사무소 등을 통해 토지 분할 허가만 받아 두는 것도 훌륭한 투자 방법이다. 소규모 땅을 원하는 매수자가 나타나면 즉시 분할해서 매각할 수 있기 때문이다. 그러면 아마 매입금액 대비 2배 이상의 수익은 만들 수 있지 않을까 싶다.

도로가 필요한 경우에는 개발행위허가를 미리 받아 두는 것도 아주 좋은 투자 방법이다.

도로를 위한 개발행위허가만 받아도 매입가격 대비 땅값을 2~3배까지도 더 받을 수 있기 때문이다. 또 개발행위허가를 받아 성토나 절토를 미리 해두는 것도 좋은 방법이다.

토지 투자의 절대 원칙

토지 투자는 적은 돈으로도 가능하고, 안전하며, 수익성이 뛰어난 안정적인 투자라는 것은 이미 충분히 설명했다. 하지만 무턱대고 토지 투자를 할 수 없고, 투자자 자신의 노력에 의한 지식 습득과 지속적인 경험으로 실력을 쌓아야 한다. 그러다 보면 여러 가지 지켜야 할 기준들이 생긴다. 투자 자금의 규모, 허가 및 개발 가능성, 땅의 가치상승을 위한 전략 및 매도 시기 등에 대해 분석하고 준비해야 한다. 투자를 결정하기 전에 충분한 분석을 통해 실패의 리스크를 방지하고, 자신감이 충만할 때 투자를 시작하는 것이다.

토지에 투자할 때 가능한 한 현장조사를 수차례에 걸쳐서 하는 것이 좋다. 일반 매매든 경매·공매든 간에 여러 번 방문해서, 이쪽에서 보고 저쪽에서 보고, 오전에 보고 오후에 보고 반복적으로 보고 판단해야 한다. 임야라면 반드시 전체를 한 바퀴 돌아보면서 확인하고 점검해야 한다.

여러 사람의 공동 투자일 때는 지분 등기를 했다가 상호 곤란을 겪는 경우가 생길 수 있다. 따라서 공동 투자를 할 때는 공유물 분할(위치 지정) 및 매도 시기까지 사전에 협의해두면 아무 어려움 없는 토지 투자가 될 것이다.

절세도 수익이다

부동산 투자를 하면서 세금을 두려워해서는 안 된다. 이익이 있는 곳에 세금은 당연히 있는 것이며, 이익금 중 일부를 세금으로 내는 것이다. 토지에 투자할 때 가장 대표적인 것이 양도세다. 양도세는 양도차익에 대해 일정 금액을 세금으로 내는 것이므로, 이익금이 많으면 세금이 많고, 이익금이 적으면 세금도 적다. 법의 테두리 내에서 세금을 줄일 방법이 있다면 수익률이 높아질 것이다. 그것은 투자의 기본이다.

토지 투자와 관련한 세금은 양도세뿐 아니라, 취득세와 재산세가 있다. 일반적인 토지 투자자가 취득세나 재산세를 감면받는 경우는 거의 없다고 생각하면 된다. 따라서 양도세를 절세해야 한다. 양도세의 경우 보유 기간과 토지 활용 방법에 따라 세율이 달라진다. 땅의 지목대로 사용해 사업용 토지로 인정받는 경우 10%의 절세가 가능하다. 또 농지의 경우 농지은행에 8년 이상 위탁하면 사업용 토지로 인정받아 똑같이 절세할 수 있다.

이런 땅을 사면
장래가 촉망된다

토지 투자의 호재 및 악재에 대한 분류 능력을 키워라

토지 투자를 하기 전에 해당 토지를 집중적으로 분석하고 연구해야 한다. 수차례의 현장 답사를 통해 땅을 구체적으로 살펴보고, 주변의 여건도 철저히 조사해야 한다. 해당 토지에 호재가 있는지, 악재는 없는지를 찾아내라는 이야기다. 호재가 있는 경우에는 두말할 필요가 없겠으나, 악재가 있는 경우 신중하게 검토해야 한다. 해결 가능한 악재의 경우 그것을 펌계로 매매대금을 조정해볼 수 있겠지만, 해결되지 않는 악재가 있다면 토지 투자를 포기해야 한다.

토지 투자의 호재는 주로 정보수집으로 얻어지는 경우가 많다. 호재의 예를 들어보자. 해당 토지에 도시계획시설 도로가 계획되어 있어 곧

도로공사를 착공한다는 정보가 있다면 매우 큰 호재다. 택지개발지구 지정이나 주변에 신축공사 현장들이 많으면, 그 자체로 이 땅의 가치도 상승하게 된다. 또 토지에 대한 악재 요인이 없어진다는 정보 또한 매우 큰 호재가 될 것이다.

토지에 대한 악재로는 다음의 것들이다. 해당 토지에 있는 묘지나 토지 주변에 들어서 있는 가족묘, 공동묘지 및 납골당 등 추모 시설은 악재에 해당한다. 악취가 많이 나는 축사, 고압선 및 송전탑 등과 군부대가 있으면 역시 악재라고 볼 수 있다.

인구가 늘어나는 지역에 투자하라

토지 투자 지역을 선정할 때, 가장 먼저 떠올리는 곳이 개발지 주변이다. 택지개발지구라면 인구가 늘어나는 것은 두말할 필요가 없다. 정부나 지자체에서 개발예정지를 발표하면 그때는 이미 투자 시기로서는 적절하지 않다. 사전 정보에 의해 이미 땅값에 충분히 반영됐기 때문이다. 물론 여유가 있는 경우에는 장기 투자를 계획해서 진행할 수 있다. 개발지 내의 토지를 분양받거나 매입해서 몇 년간 보유하고 있으면 반드시 땅값은 올라간다. 우리는 수차례에 걸친 신도시개발의 경험으로 직접 체험해보지 않았는가!

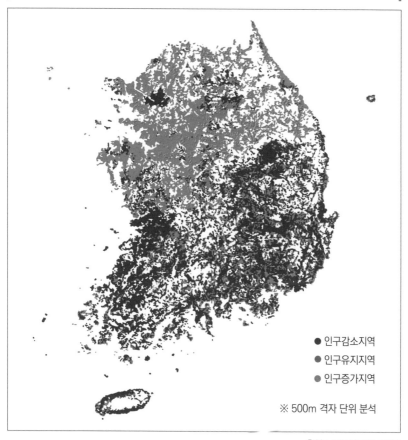

● 인구감소지역
● 인구유지지역
● 인구증가지역

※ 500m 격자 단위 분석

출처 : 국토연구원, 2015

　자료 1-4는 2015년 국토연구원에서 발표한 우리나라의 '2040년 인구증감지역'이다. 인구가 증가하는 지역에 투자해야 하는 것은 굳이 설명하지 않아도 쉽게 이해가 된다. 서울 및 수도권은 우리나라 인구의 절반 이상이 모여 있는 곳이다. GTX가 들어서는 파주 운정, 동탄신도시 주변, 남양주의 마석, 평내, 호평, 양주 덕정동 등을 주목해볼 수 있다. 화성은 공장들이 전국에서 가장 많은 지역이면서 송산그린시티가 개발되고 있다. 세계에서 가장 긴 방조제를 건설해서 2040년까지 순차적으로 개발해 서해안 시대를 이끌어갈 새만금 지역도 관심의 대상이다. 석문국가산업단지 등 서해안 최대의 산업단지로 인해 성장하고 있는 당진의 인구도 지속해서 늘고 있다. 용인, 충북 진천, 경남 김해 등도 계속 인구가 늘고 있는 관심 지역이다.

택지개발지를 약간 벗어난 지역

택지개발지구 지정이나 신도시 지역 등이 발표될 경우, 그 지역을 벗어난 곳의 규제가 없는 땅을 주시하라. 택지개발이나 신도시개발이 마무리되고 나면, 인근 지역 토지의 가치가 개발지역과 같아질 가능성이 매우 크다. 분당이나 일산 등 대형 신도시나 파주, 김포, 남양주 등 미니 신도시가 개발된 후 그 주변의 땅값들이 신도시를 따라가고 있는 것을 볼 수 있다. 현재도 개발이 진행되고 있는 신도시 지역이 여러 곳 있다. 경기 남부 및 북부 지역에 3기 신도시로 지정된 지역이나 각 지방의 혁신도시 인근 지역도 관심을 가져볼 만하다.

택지개발지 인근의 조용하고 경치 좋은 전원주택지에도 관심들이 많아지고 있다. 단독주택을 신축해 텃밭과 함께 전원생활을 즐기면서, 직장을 위한 도시 생활을 병행하는 사람들이 늘어나고 있다. 수도권의 경우 용인, 화성(동탄), 남양주, 양평 등 직장으로 출퇴근이 가능한 지역의 전원주택지에 관심들을 많이 두고 있다. 또 지방의 도시 인근 지역에 전원주택단지들이 많이 건설되고 있다.

　토지 투자자라면 택지개발지 인근에서 개발되고 있는 전원주택단지를 직접 방문해서 벤치마킹해보자. 그 땅의 위치 및 주변 여건 등을 주의 깊게 살펴보고, 비슷한 땅을 매입해 본인이 직접 전원주택단지를 개발해보는 것이다.

도로 신설 및 IC 주변의 배후지

　우리나라는 어느 지역 할 것 없이 도로를 잘 만들어 놓았다. 지금도 계속 도로는 개설되고 있으며, 제2경부고속도로도 건설하고 있다. 수도권뿐만 아니라 지방의 동서남북 할 것 없이 도로를 많이 건설하고 있는데, 이는 매우 고마운 일이다.

　도로가 신설되고 IC가 만들어지면, 땅은 자연히 도로를 따라서 개발이 진행된다. IC 주변은 이미 많이 올랐을 것이고, IC를 중심으로 2~3km 이내에 있는 토지는 이 시점에 투자 가치가 높은 것이다. IC가 개통되고 2~3년 후가 되면 그 토지의 가치는 매우 상승해 있을 것이다. 위치에 따라서는 향후 계속 상승할 것으로 확신한다.

공장용지의 투자 포인트

　토지 투자자들은 대개 전원주택지만을 고집하는 경향이 강하다. 이는 주택의 건축 및 매매는 수월하고, 공장은 매우 까다로울 것으로 생각하기 때문이다. 필자가 생각할 때는 그 반대다. 땅 1,000평을 개발한다고 가정해보자. 주택은 1필지를 100평 내외로 분할한다. 단지 내 도로 등을 감안하면, 이 땅은 8~10개 필지로 나누어 분양해야 한다.

그러나 공장의 경우에는 건물의 규모가 최소 60평~수백 평까지 다양하므로 토지도 그것에 맞게 분필을 한다. 공장건물 200평 신축 시 땅은 500평 이상 소요되어 2개 필지로 나누면 끝이다. 물론 지역에 따라서 전원주택지로 개발해야 할 땅과 공장용지로 개발할 수 있는 땅이 나누어져 있다.

공장용지나 창고용지 등은 주로 임야를 많이 이용한다. 임야가 저렴해 개발이익이 크기 때문이다. 공장용지의 경우, 계획관리지역의 임야를 매입해 산지전용허가 및 개발행위허가를 받아서 토목공사를 하면 된다. 복잡하고 까다로울 것이 전혀 없다. 공장건물이나 창고건물의 신축공사는 주택 신축공사보다 훨씬 더 간단하고 공기도 짧다.

창고부지는 준보전산지에서도 가능하므로 더 저렴하고 간단하게 개발할 수 있다. 따라서 토지 투자의 경우, 공장이 가능한 지역에서는 공장용지로 개발하는 것이 투자 금액 및 투자 기간 대비해서 투자 이익이 훨씬 더 크다는 사실을 강조하고자 한다.

김치공장, 커피 가공공장이나 콩나물, 새싹, 버섯 등을 재배하기 위한 공장은 농림지역에서도 공장 신축이 가능하다. 농림지역의 임야는 땅값이 매우 싸다. 계획관리지역의 반값 정도라고 이해하면 될 것이다.

싼 땅을 이용해 똑같은 공장을 신축해서 생산활동을 하면 그만큼 부가율이 높아지는 것은 두말할 필요가 없다. 이처럼 공장용지의 개발이 까다롭거나 복잡하지 않으므로 토지 투자자라면 깊은 관심을 가져볼 만하다.

전원주택지의 투자 포인트

전원주택지는 행복한 전원생활을 할 수 있는 지역이면 된다. 행복한 전원생활이란 개개인의 여러 가지 사정에 따라 다를 것이다. 일반적으로 경치 좋고, 공기 좋은 곳에서 가족끼리 즐겁고 단란하게 지낼 수 있으면 그것이 행복한 전원생활일 것이다. 다시 말해서, 행복한 전원생활을 위해서는 각자의 취향에 맞는 땅을 찾아야 한다. 누구나 좋아할 만한 땅이면 가장 좋겠지만 그런 땅은 땅값이 비싸다. 일반적인 전원주택지의 기준은 다음과 같다.

흔히 풍수에서 배산임수 지역이 명당이라고 하는데, 실제로 그러한 지역이 자연경관도 좋고 땅의 방향도 반듯하고 좋다. 전원주택단지도 거의 임야를 개발해서 조성하는데, 그 임야의 경치나 전망이 좋아야 주택단지도 아름다울 것이다. 주택의 방향은 남향이나 동남향으로 해야 여름에 시원하고 겨울에 따뜻하다. 진입로는 필수적인 사항이고, 대중교통의 이용이 가능해야 한다. 또 병원이나 은행 등이 있는 도시나 읍내가 멀지 않아야 한다.

전원주택이라도 기존의 마을과 접해 있는 것이 생활하기에 편리하다. 이웃들과 서로 왕래하며 친분 있게 지내는 것이 도움이 될 것이다. 그렇지 못하더라도, 3~4세대의 소규모 전원주택보다는 30~40세대 이상의 단지형 전원주택이 방범이나 안전 등에 유리하다. 또 세대별 전기, 상하수도 및 도시가스 여부를 잘 파악해봐야 한다.

독립적이고 개별적인 전원생활을 선호하는 경우라면, 농업인으로 등록해 농림지역에 농가주택을 신축해 여유로운 전원생활을 하는 것도 비용을 줄이는 방법이다.

개발해서 돈 되는
땅은 따로 있다

좋은 위치의 좋은 땅은 개발도 쉽고 수익성도 좋다

좋은 위치에 있는 좋은 땅은 누구나 좋아한다. 좋은 땅은 따져 볼 것이 없으니 쉽게 허가받아 쉽게 개발할 수 있다. 또 좋은 위치의 땅은 개발 후 매매나 분양도 쉬워 수익성을 높이기도 쉽다. 하지만 땅값이 비싸다. 자본이 넉넉하면 돈 벌기도 그만큼 쉬운 것이다. 그것이 자본주의의 생리인 것을 누가 탓하겠는가!

좋은 위치의 좋은 땅을 적은 자본으로 나의 것으로 만들려고 하지 말자. 억지로 욕심을 부린다고 되지 않는다. 적은 자본으로도 열심히 연구하고 노력해서 많은 수익을 내면 된다. 그렇게 하려고 오늘도 정보 수집을 하고 전문서적을 뒤적이면서, 발품 팔아가며 땀을 흘리고 있다.

하지만 즐겁다. 나의 노력으로 지식을 쌓고, 직접 투자해서 내 경험을 늘리며, 훌륭한 대인관계를 만들어가고 있다. 이렇게 즐기며 나의 자산을 늘려가는 것이 토지 투자인 것이다.

뜨는 지역의 정보를 최대한 수집하라

택지개발지구나 큰 규모의 개발이 진행되면 사업 시행처에서 홍보관을 설치한다. LH공사의 택지개발지구 홍보관 등은 흔히 볼 수 있다. 또 새만금 홍보관, 송산그린시티의 각종 홍보관 및 국토교통부의 보령 해저터널 홍보관 등을 방문해본 적이 있을 것이다. 각종 홍보관은 해당 사업에 대해 구체적이고 상세하게 홍보를 하는 것이 목적이다. 따라서 개발지 주변의 구체적인 각종 정보를 얻을 수 있다.

인구가 증가하는 지역에 투자해야 한다는 것은 이미 설명했다. 인구가 모이는 곳이 뜨는 지역이며, 뜨는 지역에서 부동산 투자를 해야 쉽게 수익을 올릴 수 있다.

제5차 국토종합개발계획에 의한 지자체별 투자 포인트를 찾아보는 것도 좋은 정보수집 방법이다. 해당 지자체의 홈페이지를 방문해보면 구체적인 사업계획들을 확인해볼 수 있다. 개발사업이 추진되고 있는 경우에는 주민공청회가 열리기도 한다. 그때 참석해서 구체적인 사업 계획을 들어보면 매우 좋은 투자 정보를 얻을 수 있다. 발품을 열심히 팔고 현장 방문을 자주 해보면 유익한 정보를 많이 얻을 수 있다.

농지 및 임야의 개발형 투자

지목이 '전, 답, 과수원' 등은 농지다. 농지를 매입해 공장용지나 전원주택단지로 개발할 수 있다. 임야도 마찬가지다. 농지전용(산지전용)허가를 받아서 형질변경(토목공사)을 해 건물을 신축할 수 있다. 이때, 농지의 경우에는 식량 생산을 위한 농지를 보전해야 한다는 논리로 '농지보전부담금('농지전용부담금'이라고 했으나 2002년부터 명칭을 변경함)'을 부담해야 한다.

농지보전부담금 = 개별공시지가 × 30% × 전용면적(㎡) × 감면율(해당 시)

예를 들어, ㎡당 개별공시지가가 63,000원인 농지(지목 '전') 900㎡를 개발해 공장을 짓는다고 해보자. 이 경우 농지보전부담금은 17,010,000원으로 산출된다.

농지보전부담금 : 63,000원 × 30% × 900㎡ × 감면율(해당 시)
= 17,010,000원

이는 적은 비용이 아니다. 형질변경비용(토목공사비 등)도 부담해야 한다. 토지 투자를 위한 수익성 검토를 할 때 충분히 고려되어야 할 부분이다.

임야를 개발할 때에도, 없어지는 만큼의 산림을 다시 조성하기 위한 비용인 '대체산림자원조성비'를 부담해야 한다. '대체산림자원조성비'

는 일반적으로 '농지보전부담금'보다는 적다. 또 660㎡ 이상의 산지를 전용할 때에는 '산지복구비'를 지자체에 예치해야 하는데, 이는 보증보험증권으로 대체할 수 있다.

대체산림자원조성비 = 산지전용면적(일시사용허가면적) × (㎡당 부과금액 + 개별공시지가의 1%)

이때 '㎡당 부과금액'은 임야의 분류에 따라 달라진다. '산림청고시 제2021-23호(2021. 2. 18)'에 의해 단위면적(㎡)당 부과금액은 다음과 같다.

- 준보전산지 : 6,790원/㎡
- 보전산지 : 8,820원/㎡
- 산지전용제한지역 : 13,580원/㎡

또 '개별공시지가의 1%'는 단위면적(㎡)당 부과할 수 있는 상한선이 정해져 있다.

- **단위면적(㎡)당 부과할 수 있는 상한금액**(2021년 12월 현재) = 6,790원/㎡

예를 들어, ㎡당 개별공시지가가 40,600원인 임야(준보전산지) 900㎡를 개발해 창고를 짓는다고 해보자. 이 경우 대체산림자원조성비는 6,476,400원으로 산출된다.

대체산림자원조성비 : 900㎡ × (6,790원 + 406원) = 6,476,400원

동일한 면적의 임야에 대한 대체산림자원조성비(6,476,400원)와 비교해보면, 앞의 농지보전부담금(17,010,000원)이 훨씬 많다는 것을 알 수 있다. 산지의 경우 단위면적(㎡)당 부과금액이 농지의 개별공시지가보다 낮아서 '대체산림자원조성비'가 '농지보전부담금'보다 훨씬 적은 것이다.

토임의 개발형 투자

또 개발비용이 적게 드는 토임이라는 것이 있다. 토임은 '토지 임야'의 줄임 말인데, 지목은 '임야'인데, 실제로는 구릉지나 밭으로 사용 중인 토지를 말한다. 지목이 '임야'인데도 불구하고 지번에 '산'이 붙지 않아 '금곡리 산 ○○번지'가 아니라 '금곡리 ○○번지'로 표기된다. 또 임야는 임야대장과 임야도에 등재되어 있지만, 토임은 토지대장과 지적도에 등재되어 있다.

따라서 개발행위허가를 받을 때 임야는 산지보전법에 따라 매우 까다로운 데 반해, 토임은 산지전용허가를 받기가 쉽다. 이미 임야가 아니라고 보기 때문이다. 또 밭도 아니므로 '농지보전부담금'보다 훨씬 적은 '대체산림자원조성비'만 부담하면 된다.

주로 강원도나 경북의 산간지역 등에 많으며, 평평한 구릉지나 밭으로 사용 중이다. 임야보다는 비싸고 농지보다는 20~30% 정도 싼 편이

기 때문에 투자의 수익성이 높다.

정보가 충분한 지역의 지도를 활용하라

공장이 전국에서 가장 많은 지역이 화성시다. 흔히 화성시에는 개발할 땅이 더는 없다고 말한다. 하지만 이는 몰라서 하는 소리다. 2020년 화성시의 재정자립도는 68.9%로, 전국 4위, 경기도 1위인 톱 수준이다. 부자인 화성시의 경제 규모가 커지고, 물가가 상승해 땅값이 올랐기 때문에 싼 땅이 없다는 이야기다. 투자할 땅은 얼마든지 있다. 조금 더 비싸게 사서 허가받고 개발해, 비싸게 팔면 수익은 충분히 나온다.

부동산 중개사무소에 가서 "싼 매물 나온 거 있어요?"라고 물어보면, 그냥 웃을 것이다. 싼 땅이 있으면 본인들이 투자하거나 가까운 지인들에게 소개할 것이기 때문이다. 조금이라도 싼 땅을 찾아서 투자하고 싶다면 작업을 거꾸로 해보자. 내가 직접 찾아보고 연구하는 습관을 들여야 한다. 투자하고자 하는 지역의 지도를 활용하고, 인터넷 검색을 통해서 투자할 땅을 먼저 지정한 후 부동산 중개사무소에 들른다.

부동산 중개인과 친분을 쌓은 후, "○○번지 땅의 주인을 아느냐?"로 시작해서 "좋은 조건으로 매매 중개를 부탁"하는 것이다. 그와 함께 중개수수료를 2배로 제의하라. 분명히 좋은 결과와 함께 기분 좋게 지급할 수 있을 것이다.

건축허가를 받을 수 있는 여건의 땅이어야 한다

건축허가를 받을 수 있는 여건이란 건물을 지을 수 있는 땅을 말한다. 건물을 지을 수 없으면 땅의 가치가 떨어지기 때문에 투자 대상에서 제외해야 한다. 건물을 지을 수 있는 땅이란 진입로가 가장 우선이다. 토지이용계획서상 규제가 없어야 하고, 건축허가를 취득할 수 있으면 된다. 그것이 아니면 토지 투자 대상에서 과감히 제외해야 한다.

토지 투자의
블루오션

경·공매를 통한 수익률 높은 소액 투자

지인 중 한 명이 처음 경·공매를 시작할 때였다. 온비드의 공매 물건을 검색하던 중 토지 면적 $64m^2$, 감정가격이 2,300만 원인 아주 조그마한 땅을 발견했다. 이 땅은 지목이 '대지'였지만, '미등기 무허가건물'이 있어 6회까지 계속 유찰됐다. '미등기 무허가건물'은 주인이 달랐다. 따라서 법정지상권이 성립되어 계속 유찰됐던 것이다. 지인은 법정지상권을 몰랐으며, 무허가건물은 철거해버리면 되는 줄 알고, 감정가격의 반값인 1,100만 원에 낙찰을 받았다. 법정지상권에 대해 〈민법 제287조〉에서는, 지상권자(건물주)가 지료(토지 사용료)를 2년 이상 연체 시 지상권의 소멸을 청구할 수 있도록 명시하고 있다.

사실 이 땅은 작고 볼품없었으며 법정지상권까지 있었지만, 용도지역이 '일반상업지역'이었기 때문에 건폐율이 80%, 용적률이 1,300%인 훌륭한 땅이었다. 하지만 이 땅이 너무 적었기 때문에 그 자체만으로는 재건축을 할 수 없었다. 그 옆에 있는 땅들도 규모가 비슷했고, 건물들이 전부 오래되어 매우 낡았다. 지인은 재건축해야 할 시기인 것으로 믿고서 과감하게 투자를 한 것이었다. 결국 그 예상이 100% 적중했다. 공매에서 낙찰받은 지 19일 만에 이 물건을 되사기를 원하는 사람이 나타난 것이다. 낙찰받은 금액에 1,000만 원을 얹어주겠다고 해 즉시 승낙을 했다. 1,100만 원을 투자한 지 19일 만에 1,000만 원을 벌었으니 그 수익률을 따지면 엄청난 것이었다.

개발촉진지구의 정보를 구하라

개발촉진지구는 국토교통부가 낙후된 지역의 생활환경을 개선하기 위해 '지역균형개발법'에 따라 심의를 거쳐 지정한다. 강원도 태백, 정선, 삼척, 영월 등의 탄광 지역을 1996년에 개발촉진지구로 지정했고, 2009년에 경북 청도군의 5개 읍면을 개발촉진지구로 지정했다. 새만금개발로 인해 전라북도 부안군을 2011년에 개발촉진지구로 지정했고, 전남 담양군 일대를 2014년에 개발촉진지구로 지정했다. 개발촉진지구로 지정되면, 정부에서는 개발계획에 따라 일정 금액의 자금을 투입하게 된다. 따라서 그 지역의 땅값은 곧바로 상승한다.

개발촉진지구는 장기적인 계획으로 투자를 해야 한다. 정부에서는 개발계획에 따라 차근차근 진행하기 때문에 조급하게 단기간의 투자이익을 내려고 해서는 안 된다. 또 지역별 개발의 방향을 정확히 파악해야 한다. 개발촉진지구의 유형은 낙후지역형, 균형개발형, 도농통합형 등이 있다. 지역별 유형에 맞게 개발계획을 수립해 개발을 진행하기 때문에 투자 또한 그 방향에 맞춰 이루어져야 한다. 강원도 탄광 지역처럼 관광 휴양시설로 개발하면 숙박, 음식점 등의 부지를 찾아서 투자하고, 경북 청도나 전북 부안군의 균형개발을 추진하면 일반적인 토지투자도 괜찮은 것이다.

개발제한구역의 움직이는 땅을 찾아라

일반적으로 개발제한구역 내의 토지에 대해 투자를 쉽게 하는 사람은 없다. 개발행위가 제한되어 있고, 땅값 상승을 기대할 수 없으니 당연한 이야기다. 하지만 대규모 개발계획이 예상되거나 대규모의 개발이 진행되고 있는 경우에는 인근의 개발제한구역도 관심을 가져볼 만하다. 2013년에 새만금 프로젝트의 진행을 위해 변산반도국립공원 일부를 해제시켰다. 2014년에는 포천의 일부 지역을 자연환경보전지역에서 해제했으며, 2017년 안동댐 주변 지역을 자연환경보전지역에서 해제했다. 이처럼 정부에서는 필요한 경우 정책을 수립해 개발제한구역을 해제시키고 개발을 진행한다.

개발제한구역의 투자는 쉽게 생각하고 경솔하면 안 된다. 대규모 개발이 진행되고 있는 지역이나, 인구가 많이 늘어 택지공급이 필요한 지역 및 지역발전을 위한 개발이 확산하고 있는 지역의 경우 정보를 입수해 투자하는 것이다. 시기가 맞으면 단기간에 대박을 터트릴 수 있지만 흔하지는 않다. 10년 이상 장기 투자를 계획하고 여윳돈이 있는 경우 장기간 묻어둔다는 생각으로 신중하게 투자를 해야 한다.

미불용지 투자

'미불용지'는 '미지급용지'로 명칭이 변경됐으나 아직 그대로 사용하고 있는 단어다. 미불용지는 종전에 시행된 공공사업의 용지로서 보상금이 지급되지 않은 토지를 말한다. 대부분 개인 소유의 토지로서 도로로 사용되고 있는 토지다. 미불용지 투자는 대개 경매를 통해 이루어지고 있으며 그 분석이 쉽지 않다. 특수물건으로 분류해 초보자들에게는 적극 추천을 하지 않고 있다. 하지만 몇 가지 소사를 통해서 미불용시 여부만 확인되면 투자 수익은 매우 높은 매력이 있다. 지자체장을 상대로 지료를 청구할 수 있기 때문이다.

미불용지의 경우 경매 감정평가액이 매우 낮다. 도시계획시설 예정부지는 개발행위를 할 수 없으므로 인접 대지보다 30% 감가해 감정평가를 한다. 현재 도로로 사용하고 있을 때는 또 3분의 1로 감가하므로 실제 감정은 인접 대지의 30~40% 수준에서 평가된다. 도로로 사용되는 땅이 경매로 진행되면, 감정가격의 50%에 낙찰된다고 하더라도 인접 대지 시세의 15% 가격으로 낙찰받는 셈이다. 이 가격에 낙찰받아 지자체장을 상대로 지료를 청구할 수 있다. 지료는 정상적 대지 가격을 기준으로 해서 청구하므로 투자 금액 대비 매우 높은 가격이다. 지자체는 2~3년 후 해당 토지를 보상하고 수용하는 경우가 대부분이다.

농림지역을 활용하라

농림지역이란, 도시지역에 속하지 아니하는 지역으로서 '농지법'에 따른 농업진흥지역이나 '산지관리법'에 따른 보전산지 등 농림업을 진흥시키고 산림을 보전하기 위해 지정한 지역을 말한다. '농업진흥지역'에는 농업인 주택만 가능한 농업진흥구역과 일반 주택도 가능한 농업보호구역이 있다. 농업진흥구역에는 농업생산 및 농수산물 가공, 연구 시설이나 농업인 주택 등을 건축할 수 있다. 농업보호구역에는 관광농원, 주말농원, 태양광발전시설, 단독주택 및 1, 2종 근린생활시설 등을 건축할 수 있다.

농림지역은 땅값이 낮은 편이다. 저렴한 토지를 매입해 개발행위허가를 취득해 용도에 맞게 건축물을 신축하면 큰 비용을 줄이게 되므로 적극적으로 검토해볼 만하다.

묘지가 있는 땅의 경매

묘지가 있는 땅의 경매를 접하면, 동방예의지국의 전통으로 인해 몹쓸 짓을 하는 게 아닌가 하는 생각으로 약간 주저하게 된다. 하지만 경매의 본질을 이해하면 그럴 필요가 없다. 내가 아니더라도 누군가에게 낙찰되어야 채권자의 권리를 보전시키게 되고, 법치국가의 질서를 바로잡게 된다. 경매의 궁극적 목적은 낙찰 자체가 아니라 투자를 통한 이익 실현이다. 묘지는 대부분 경치 좋고 양지바른 곳에 있어 펜션 짓기 좋은 땅이다.

묘지가 있는 땅의 경우, 관습에 의해 법적으로 인정된 지상권인 분묘기지권을 정확히 이해하면 투자가 쉽다. 묘지의 주인이 관리 중이어서 분묘기지권이 성립되어도 묘지의 주인은 지료를 부담해야 한다. 만약 지료 지급을 2년 이상 지체하면, 토지주는 지상권의 소멸을 청구할 수 있다. 분묘굴이청구소송을 통해 묘지 이전을 강제할 수 있는 것이다. 가장 좋은 방법은 묘지 주인과 협의해 이장비용을 부담해주고 처리하는 것이다.

무피 투자는 자본금이 들어가지 않는다

무피 투자란 용어는 생소할 것이다. 요즘 말하는 아파트의 '갭 투자'와 비슷한 말이다. 갭 투자는 매매대금과 전세보증금의 차액을 부담하는 것이지만, 무피 투자란 실투자금이 들어가지 않는 투자를 말한다. 무피란 '비용(fee)이 없는'이라는 말이다.

이는 경락잔금 대출 비율이 높은 경·공매에서 흔히 이용되고 있다. 경매에서 부동산을 낙찰받았을 때, 낙찰금액의 70~80%는 경락잔금 대출을 이용해서 잔금을 납부한 후 그 부동산을 임대하는 것이다. 임차 인으로부터 보증금을 20~30%를 받으면 실제 자기자본은 전혀 들어가 지 않은 결과가 된다.

상권이 활성화되어 있는 상가에 투자할 때나 전세를 안고 산 집값이 많이 오를 때 또는 은행 대출을 이용해 매입했던 땅값이 많이 오르면 무피 투자가 된다.

제2장

토지 투자는 경매·공매도 한 방법이다

토지 투자는
소규모로 시작하라

소자본으로 시작할 수 있다

토지 투자를 처음 하시는 분들은 1,000만 원 이내의 자금으로 시작해볼 수 있다. 땅은 여러 종류가 있고, 몇십 평에서 수만 평까지 크기도 다양하다. 작고 못생긴 땅은 매우 싸다. 그들의 규모에 맞는 적절한 사용 용도만 찾아내면 좋은 투자가 될 수 있다. 수도권에서 2~3시간 거리의 지역이면 소액 투자가 가능한 땅들이 제법 있다. 지방의 급매물로 나오는 농지나 임야 등은 가끔 투자해볼 만한 것들이 있지만 그런 행운을 만나기는 쉽지 않다.

소액의 자금으로 경매나 공매를 해보는 것도 좋은 투자 방법이다. 작은 땅일 수도 있고, 땅의 지분이 경매로 나올 수도 있다.

작은 땅일 경우에는 맹지나 작은 농림지일 수 있다. 맹지라도 그 땅의 특성과 주변 땅들과의 연관성을 잘 분석해보면 돈이 될 수도 있다. 또 농림지일 경우에도 그 용도지역에 맞는 토지 이용방법으로 잘 활용하면 큰 가치의 토지 투자가 된다.

지분 경매일 경우 입찰자가 드물어 낙찰금액이 감정가격의 50% 이내일 수도 있어서 소액으로도 가능하다. 하지만, 낙찰을 받아서 어떻게 수익을 만들어낼 것인가를 먼저 연구한 뒤에 입찰해야 한다. 잘못했다가는 소액일지라도 묶여버릴 수가 있기 때문이다.

토지 투자의 목적은 수익성이다

토지 투자를 할 때 땅 매입은 자랑하기 위한 것이 아니라 금전적 수익을 위한 것이다. 그 토지의 생김새나 크기 또는 위치를 불문하고, 그 토지에 맞는 용도만 정확히 찾아내면 수익을 만들어낼 수 있다.

인천 남구 숭의동의 5평짜리 땅을 300만 원내에 낙찰받아 4,800만 원에 매각했다면 믿을 수 있겠는가! 간단히 수익률만 보면 1,600%인데, 소액으로 만들어낸 수익금치고는 엄청나게 큰 금액이다. 땅의 모양과 규모에 상관없이 그 땅의 특성과 용도를 잘 분석하면 이 같은 수익률을 만들 수 있는 것이다.

큰 땅이든, 작은 땅이든 토지 투자의 목적은 수익성이다. 일정 기간 보유했을 때 땅값이 상승하면 그 땅을 팔아서 수익을 내면 된다. 토지를 매입해 개발행위를 거쳐서 수익을 만들어낼 수도 있다. 땅의 용도에 맞춰 주택이나 공장을 신축해 분양하면 수익을 극대화할 수 있다. 땅의 용도와 가치를 잘 활용하면 큰 수익을 만들어낼 수 있는 것이다.

작고 못생긴 땅이라도 그 가치를 알면 돈이 된다

작고 못생긴 땅은 투자 금액도 적다. 아예 시세가 없다. 다시 말해서 그 땅의 용도를 찾아내지 못하면 가치가 없는 것이다. 반대로 그 땅의 역할을 제대로 찾아내면 엄청난 수익을 창출할 것이다. 작고 못생긴 볼품없는 땅이라고 해서 무시하고 간과하지 말자. 앞서 간단히 사례를 소개했지만, 1~2평 또는 7~8평 규모의 땅으로 엄청난 수익을 창출한 예는 아주 많다. 주로 경매나 공매를 통해 이루어진다.

토지 투자에는 원리와 원칙이 있다

토지 투자란 땅을 활용해서 이익을 남기면 된다. 하지만 그것이 간단하지만은 않다. 토지 투자는 3가지 큰 장점이 있다. 누구나 알고 있는 안전성, 환금성, 수익성이 그것이다. 물론 정보수집이나 토지와 지역에 대한 분석을 철저히 해야 하고, 일반적인 상식과 전략도 있어야 한다. 투자의 장점을 활용하되 기본적 원칙에 충실해야 한다.

이러한 토지 투자와 관련된 원리와 원칙들을 간단히 설명하면 다음과 같다.

① 개발이슈가 있는 지역을 선정하고, 전원주택부지나 공장용지 등에 대해 본인이 알고 있는 정보를 최대한 활용하면 된다.
② 장기간 투자가 될 수 있으므로 자금 여력에 맞는 투자 금액을 정해야 한다.
③ 용도지역을 잘 선정해야 하는데, 도시지역에서는 자연녹지지역, 비도시지역에서는 계획관리지역이 좋다. 생산관리지역 및 보전관리지역도 땅값이 저렴하므로 검토해볼 만하다.
④ 대지보다는 저렴한 농지나 임야를 구입해서 개발하는 것이 좋다.
⑤ 반드시 진입로가 있어야 하고 진입로가 없으면 최우선으로 진입로를 확보해야 한다.
⑥ 해당 토지에 관한 각종 서류를 꼼꼼히 점검해야 한다.
⑦ 시세차익을 노릴 때는 적당한 매도 시점을 정해야 한다. 절대 욕심은 금물이다.

백문이 불여일견, 직접 실행하고 직접 방문하라

토지 투자는 적성에 맞아야 한다. 가만히 앉아서 책이나 인터넷 자료만으로 토지 투자를 한다는 것은 불가능한 이야기다. 흔히 말하는 역마살이 있어야 토지 투자를 할 수 있다. 전국 어디든지 투자가 될 만한 땅이 있다는 정보가 있으면 직접 가서 확인해야 한다. 즐거운 마음으로 달려가서 이틀이든, 삼일이든 시간을 투자해 직접 확인해야 한다.

경매나 공매로 나온 땅에 관심이 있을 때도 반드시 현장에 가서 직접 체크를 해야 한다. 도로 현황을 점검하고, 땅의 상태 및 실제 사용현황을 확인해야 한다. 분묘가 있는지, 고압선이나 철탑의 유무, 주변에 축사가 있는지 등을 직접 확인하고 점검해야 한다.

그리고 경매나 공매를 직접 참가해서 낙찰도 받아보고, 소유권 이전까지 직접 체험을 해봐야 토지 투자를 배울 수 있다. 스스로 노력하고 경험하면 수업료를 많이 아낄 수 있다.

수익성 분석을 철저히 하라

화성시 남양읍 남양리에 계획관리지역 임야 7,000평이 경매로 나왔다. 공장용지나 창고용지로 개발할 수 있는 땅이었지만, 진입로에 약간의 문제가 있었다. 감정가격은 37억 원이었지만, 최저입찰가격이 18억원까지 떨어졌고, 여전히 큰 관심을 보이는 사람은 없는 듯했다. 마을의 이장님과 상의해서 추후 진입로를 보완할 수 있도록 협의를 끝낸 후입찰에 응했다. 19억 100만 원을 써서 당당하게 낙찰을 받았다. 다른사람들은 진입로 문제를 해결할 수 없는 것으로 판단하고 일찍이 포기했던 것이다. 참 고마운 일이었다.

개발행위허가를 받고 토목공사 및 진입로를 확장해서 공장용지를 분양했다. 대략의 수익성 분석을 해보면 다음과 같다.

토지 매입(경매 입찰)   19억 원(은행 대출금 15억 원, 이자 연 4.5%)

개발행위허가를 위한 토목 설계 비용   1억 2,000만 원

각종 인허가 및 도시계획심의 비용   8,000만 원(환경영향평가, 입목조사비 등)

개발행위허가에 의한 토목 공사비   13억 원(6,000평 공장부지 공사비)

진입로 확장을 위한 토지 매입비   2억 원(80여 평을 매입해서 진입로 확장)

운영비(금융비용포함) 및 각종 세금 등   4억 원

지출   총 40억 원

수입(공장부지 분양) 6,000평 × 110만 원/평 = 66억 원(나머지 1,000평은 추후개발)

경상 이익   총 22억 원

토지 투자를 하기 전에 앞과 같은 수익성 분석을 철저하게 해야 한다. 지출과 수입을 완벽하게 산출해내긴 어렵겠지만, 빠짐없이 꼼꼼하게 분석해서 투자 금액 대비 경상이익률이 만족하게 나올 때 투자해야 한다.

산림청에서 임야를 사들여 국유림을 늘리고 있다

우리나라는 땅의 70%가 산지로 이루어져 있다. 산지 중 25%가 정

부가 소유한 국유림인데, 점차 35%까지 늘릴 예정이라고 한다. 물론 산림청의 업무다. 임야는 흔하게 경매 물건으로 등장한다. 진입로가 없는 맹지이거나 보전관리지역의 임야인 경우 투자자들의 관심을 받지 못한다. 이런 임야들을 경매로 싸게 매입해 산림청에 시세를 적용해 매각하면 투자 금액 대비 만족할 만한 수익이 발생한다. 물론 사전에 산림청 담당자와 상담을 통해 매입 여부를 확인해야 한다. 양도소득세율이 개정되어 매입 후 2년 이상 보유하면 양도소득세를 감면받을 수 있다. 매입 후 2년 후면 임야의 감정가격도 늘어날 것이므로 훌륭한 투자의 한 방법이다.

경매·공매는 현장조사를 철저히 해야 한다

경매·공매의 특징

경매나 공매는 일반 매매와 달리 법원이나 온라인에서 거래가 이루어진다. 중개인이 따로 있는 것이 아니고, 법원 및 한국자산관리공사가 그 역할을 하고 있다. 경매와 공매는 온라인이 정보를 이용해 본인이 원하면 전국의 매물을 확인해볼 수 있다. 또 경락잔금 대출을 쉽게 이용할 수 있어 일반 매매보다 자금 융통이 수월하다. 편리한 것은 경매나 공매 대상 물건에 대해서 감정평가사가 전문적으로 분석하고 시세를 평가해놓는다.

토지 투자의 목적은 이익을 얻는 것이다. 이익을 얻기 위해서는 토지를 싸게 취득해야 한다. 일반매매할 때 매도자는 비싸게 팔고 싶어 하고, 매수자는 싸게 사고 싶어 한다. 경매나 공매로는 싸게 살 수 있다. 소유자의 의사와 상관없이 채권자의 요청으로 진행되기 때문에 시세의 절반 이하로도 취득할 수 있다.

경매·공매는 소액 투자에 유리하다

앞에서 설명한 것과 같이 경매나 공매는 소액으로도 투자할 수 있다. 온라인 시장에서 내가 물건을 찾아서 검토하고, 내가 원하는 물건(토지)을 지정해서 입찰하면 된다. 소액으로 거래되는 경매·공매의 토지들이 많이 있다. 적게는 몇십만 원부터 몇백만 원으로도 가능하고 1,000~2,000만 원으로 취득할 수 있는 토지도 수두룩하다. 6개월여 이전의 시세로 감정평가가 이루어져 있고, 여러 가지 사정상 시세보다 낮은 금액으로 낙찰받을 수 있어 적은 금액으로 취득할 수 있다.

금융기관들이 낙찰금액의 80%까지 경락잔금 대출을 해주고 있어 큰 자금 부담 없이 취득할 수 있다. 토지 투자의 초보라도 소액으로 직접 투자를 해볼 수 있다. 경매 대상 물건이 주로 논, 밭, 과수원 등의 농지나 임야 등이므로 현장조사도 쉽다. 토지는 거주자나 점유자가 없으므로 권리분석도 간단하고, 낙찰 후 명도의 문제도 없다. 농지의 경우 기존 경작자가 있으면 낙찰 후에도 계속 그분에게 경작을 맡겨도 된다. 경매·공매는 초보자가 소액으로 투자해볼 수 있는 좋은 방법이다.

경매·공매의 물건 검색 및 확인 요령

경매나 공매로 토지를 투자할 때는 법원경매정보(www.courtauction. go.kr)나 온비드(www.onbid.co.kr)를 수시로 검색해야 한다. 일주일에 2~3회 이상, 1회에 1~2시간씩 꾸준히 찾고 검색해야 한다. 온라인으로 형성되어 있는 시장이고, 수시로 물건이 나오기 때문에 지속해서 정보를 수집해야 한다.

토지 경매 물건을 조사할 때는 가장 먼저 입지를 조사해야 한다. 위성 지도로 확인해보고, 로드뷰로 주변들을 꼼꼼하게 확인해본다. 토지이용계획확인서를 발급하고 지적도나 임야도, 토지대장 및 등기부등본 등을 발급해 점검해야 한다.

그런 절차를 거친 후 현장을 방문해서 진입로 및 주변 땅들과의 관계를 확인해본다. 무허가 건축물이 있을 수도 있고, 건축물에 사람이 거주하고 있을 수도 있다. 사전에 대비책을 만들어야 하고, 그런 준비가 완벽하게 됐을 때 입찰에 응하는 것이다.

경매나 공매로 투자를 원하는 사람들이 전국에 깔려 있고, 그 인구는 점점 늘어나고 있다. 좋은 물건이면 많은 투자자가 몰리고 깊은 관심을 둔다. 좋은 물건일수록 경쟁이 치열하다는 이야기다. 여러 가지 사정들을 충분히 조사하고, 권리분석을 완벽하게 해서 손실이 생기지 않도록 해야 한다.

경매·공매는 현장조사를 철저히 해야 한다

현장조사 방문 시 준비물

경매나 공매는 현장조사를 철저히 해야 한다. 현장조사를 하러 가기 전에 먼저 체크리스트를 만들어야 한다. 주택이나 건물들과 달리, 토지 조사차 현장에 가보면 사람도 없고, 아무것도 없다. 필지를 확인하기가 쉽지 않다. 하지만 요즘은 스마트폰이 있어서, 스마트폰 앱으로 현 위치 및 지적편집도 등을 바로 확인할 수 있어 편리하다. 나침반도 스마트폰 앱을 이용해 방위를 정확히 확인할 수 있다. 카메라도 스마트폰으로 이용하면 된다. 스마트폰 대신 태블릿PC를 가지고 가면 화면이 커서 더 편리할 수도 있다. 스마트폰이나 태블릿PC의 경우 배터리 관리를 잘해야 한다. 드론으로 항공사진을 촬영해 분묘 등을 확인해볼 수도 있다.

현장조사 시 점검해야 할 사항들은 다음과 같다.

① 접근성 및 진입로

먼저 해당 토지까지의 교통여건 및 거리 등을 확인해야 한다. 빠르고 안전하게 이용할 수 있는 교통수단이 어떤 것이 있는지, 시간은 얼마나 걸리는지 등을 점검한다. 그리고 현장에 가서는 진입로의 여건 및 실제 상황이 어떤지 가장 먼저 확인해야 한다. 아무리 좋고 욕심나는 토지라도 접근성이 나쁘고 진입로가 좋지 않으면 수익을 내기가 쉽지 않다.

② 토지의 현황

해당 토지의 경계, 경사도, 입목의 종류, 토지 성형의 필요성, 지반과 토질 등도 확인해볼 필요가 있다. 나중에 건축이나 개발행위허가 신청 시 꼭 필요하기 때문이다. 또 옆 땅보다 높은지, 낮은지를 확인해야 한다.

③ 토지의 경사도 및 배수 현황

임야의 경우 경사도는 개발행위허가의 필수 조건이다. 지자체별 약간의 차이는 있지만, 경사도가 16~17도 이상이면 허가를 받을 수 없으므로 주의 깊게 살펴야 한다. 그리고 해당 토지의 배수 현황이 어떤지, 옆 토지로 흘러가는지 또는 옆 토지에서 흘러 들어오는지 등을 점검해야 한다.

④ 분묘의 소재 여부

해당 토지에 분묘가 있으면 그 처리방안을 마련해야 한다. 분묘기지권이 있는 분묘라면 그 분묘기지권자와 협의를 해야 하고, 협의가 안 될 경우도 대비해야 한다. 분묘기지권자와 사전에 충분한 협의를 진행한 후 입찰하면 좋을 것이나. 무언고 분묘이면, 그에 맞는 처리방안을 마련한 후에 입찰에 응하면 편리하다.

⑤ 점유현황

해당 토지 위에 무허가건물이나 농작물의 현황 등을 확인해야 한다. 무허가건물에 사람이 거주 중이면 누구인지, 왜 거기에 살고 있는지 등을 확인해서 조치해야 한다. 농작물이 자라고 있는 경우에는 농작물의 비용을 치르든지, 수확을 마칠 때까지 기다려야 한다.

⑥ 주변 환경

사전 조사 시 온라인으로 충분히 확인은 했겠지만, 실제 현황을 점검해야 한다. 현장 주변에 혐오시설, 위험시설, 유해시설, 축사, 고압선 등이 있는지를 철저히 조사해야 한다. 나중에 토지의 가치, 즉 땅값과 직결되는 사항들이다.

⑦ 마을의 이장이나 근처 부동산 중개사무소 방문

마을의 이장이나 그 마을 주민들을 만나보고 사정을 들어보는 것도 많은 도움이 된다. 나중에 개발행위를 할 때 민원 발생 등을 사전에 방지할 수 있다. 또 근처의 부동산 중개사무소 등을 방문해서 그 지역의 동향 등을 들어보고, 나중에 개발 후 분양 시 많은 도움을 받을 수 있다.

경매·공매를 통해 매입한 땅을 어떻게 매각할 것인가?

입찰에 응하기 전에 이미 계획을 세우고 있어야 한다. 일정 기간 보유 후 매각해 매매차익을 남길 것인지, 아니면 개발행위를 통해 분양할 것인지 등을 미리 계획해야 한다.

일반적 매매에 의한 토지 투자의 경우 '무릎에서 사서 어깨에서 팔아라'라는 격언이 있다. 너무 욕심을 부리지 말라는 이야기다. 경매를 거쳐 취득한 토지도 마찬가지다. 지나친 욕심은 오히려 해가 될 수 있기 때문이다.

경매는 법원,
공매는 온비드

법원의 경매 절차

채권자 경매 신청 → 경매개시결정 → 현황조사/감정평가 → 매각기일공고 → 물건명세서비치 → 매각기일(입찰) → 매각결정 → 매각결정확정 → 대금납부 → 소유권등기촉탁 → 부동산 인도

법원의 경매 절차는 대략 위와 같다. 물론 각 절차에 변동사항이 생기면 그에 따라 각각의 조치가 뒤따르겠지만, 여기서는 간략히 흐름만 설명하고자 한다.

법원의 경매로 토지 투자를 하고자 할 때, 법원경매정보 사이트에서 경매 물건에 대한 정보를 확인할 수 있다. 혹시 변동사항이 있을 수 있으므로 법원에 비치된 물건명세서나 현황조사서, 감정평가서를 직접

열람한 후 입찰에 참여할 것을 권한다.

　법원 경매는 반드시 경매 법정에서 진행이 되며, 입찰서와 보증금(입찰금액의 10%)을 함께 제출해야 한다. 입찰해서 낙찰되면 법원에서는 1주일 후 매각허가결정을 내리고 잔금 납부일을 지정해준다. 잔금을 납부하면 소유권을 넘겨받게 되고, 경매 절차는 끝이 난다.

법원경매정보 사이트

　법원에서 진행하는 경매에 대한 정보를 확인할 수 있는 법원경매정보(www.courtauction.go.kr) 사이트다.

　이곳에서는 경매에 대한 각종 정보를 무료로 이용할 수 있다. 경매 공고, 경매 물건, 매각통계, 경매 지식 등으로 구성되어 있고, 그 이용안내도 친절히 설명되어 있다. 회원가입을 해서 '빠른 물건 검색' 등을 통해서 경매 물건을 확인해볼 수 있고, 본인의 관심 물건을 별도로 등록해 '나의 경매'로 관리할 수도 있다. 경매 절차나 진행 상황 등도 상세히 안내되어 있어 편리하게 이용할 수 있도록 서비스가 제공된다.

　최근에는 경매 정보 관련 유료 사이트들이 많이 생겨 운영되고 있다. 회원 등록 및 비용을 내면 각종 권리분석 등 낙찰을 받을 수 있도록 도와준다.

소유권 등기촉탁신청

① 잔금 납부

부동산을 낙찰받은 후 2주가 지나면 경매 법원에서 잔금 납부기한 통지서를 보내온다. 이 통지서를 받고 법원 경매계에 가면 잔금 금액이 표시되어 있는 법원보관금납부명령서를 발급해준다. 이 명령서와 잔금을 은행에 납부하면, 은행에서는 법원보관금영수필통지서를 발급해준다. 경매 대금의 잔금 납부가 끝난 것이다.

② 매각대금 완납증명원

매각대금 완납증명원은 본인이 2부를 작성해 법원 경매계에 제출하면, 담당자가 그 내용을 확인한 후 확인도장을 날인해준다. 매각대금 완납증명원은 소유권이전등기가 되기 전에 소유자임을 확인할 수 있는 서류다.

③ 취득세 및 등록면허세 납부

낙찰받은 부동산 소재지의 시·군·구청 세무과로 가서 취득세 및 등록면허세 고지서를 발급받아 납부해야 한다. 등록면허세는 말소할 등기의 개수대로 고지서를 발급해준다. 또 은행에서 국민주택채권을 매입하고, 대법원 수입증지를 함께 구입한다. 대법원 수입증지는 등기신청 수수료인데, 부동산 1개당 15,000원, 말소등기 건당 3,000원으로 계산해서 구입한다. 국민주택채권은 매입 즉시 되팔 수 있어서 그 차액(채권할인금액)만 부담할 수도 있다.

④ 등기촉탁신청

소유권 등기를 하기 위해 등기촉탁신청서와 첨부서류를 법원 경매계에 제출한다.

대출을 받아서 잔금을 납부할 경우 이 업무는 대부분 법무사에서 처리한다. 금융기관에서 담보 근저당권 설정을 위해 법무사에게 위임한다. 소유권 등기와 동시에 근저당권 설정을 하기 위함이다. 이 경우 수수료만 지급하면 된다.

한국자산관리공사(KAMCO)의 공매입찰 절차

온비드 회원가입 → 공인인증서 등록 → 입찰물건 선정 → 입찰정보 확인 및 준수규칙 동의 → 인터넷 입찰서 제출 → 보증금 납부 → 낙찰자 선정 및 결과 확인 → 대금 납부 → 소유권이전 서류 발송 → 부동산 인도

한국자산관리공사(KAMCO)의 공매 절차는 대략 앞과 같다. 경매는 법원에서 진행되지만, 공매는 인터넷의 온비드(www.onbid.co.kr) 사이트에서 온라인으로 진행된다.

캠코에 공매를 의뢰하는 것은 개인이나 일반 채권자가 아니라 국가기관, 지방자치단체, 금융기관 등이다. 국세나 지방세의 체납자 재산처리, 수탁재산, 유입자산, 압류재산 등의 처리를 공매로 진행한다. 공매

는 부동산에 대한 현황조사서가 없고, 매각명세서가 없으며(문제 시 환불 보장 없음), 인도명령이 없어 명도소송을 해야 한다.

온비드 사이트에 공고하고 1주일 단위로 매각기일을 지정하며, 입찰 보증금은 경매와 같이 10%다. 낙찰되면 캠코에서는 매각결정 통지서를 발급하고, 잔금 납부일을 지정해준다. 잔금을 내면 소유권을 넘겨받게 되고, 공매 절차는 끝이 난다.

온비드

온비드는 한국자산관리공사(KAMCO)가 국가기관, 지방자치단체, 공기업 및 금융기관 등의 의뢰를 받아 공매를 진행하는 온라인 공매시스템이다. 공매를 의뢰하는 물건들에 대한 정보를 종합해 실시간으로 제공하고, 매각기일을 정해 공매를 통해 처분한다. 입찰, 계약, 등기 등의 관련 절차를 온라인으로 처리하고 있다.

공매 후 소유권 이전 절차

온비드를 통해 공매로 토지를 낙찰받으면 다음과 같은 절차로 소유권 이전을 하면 된다. 한국자산관리공사(KAMCO)에 서류를 준비해서 직접 제출하거나 등기로 보내면 처리 대행을 해준다.

- 매각결정통지서를 출력해 잔대금 납부 계좌로 잔금을 입금한다.

- 잔대금 입금 후 잔대금납부영수증을 출력한다.

- 취득세 및 등록면허세 납부고지서를 발급받아 납부한다(경매의 경우와 동일함).

- 인터넷등기소(www.iros.go.kr)를 통해서 등기신청수수료를 납부한다.

- 소유권 이전에 필요한 서류들을 캠코로 등기 발송한다.

경매와 공매의 차이

경매와 공매의 차이점은 다음과 같다.

자료 2-1. 경매와 공매의 차이

구분	경매	공매
주체	법원	한국자산관리공사(캠코)
법률	민사집행법	국세징수법, 신탁법
원인	채무불이행	세금체납, 신탁재산처분 (수익권 포함)
입찰 방법	관할법원 현장입찰	온비드를 통한 온라인 입찰
입찰 보증금	입찰가격의 10%	입찰가격의 10%
재입찰	유찰 시 통상 1개월 뒤 재입찰	유찰 시 통상 1주일 뒤 재입찰
유찰 횟수	제한 없음	감정가격의 50%까지 떨어지면 중지
저감률	법원에 따라 20~30%씩 저감	10%씩 저감
잔금 납부	일시불 납부	분할 납부 가능
잔금 납부 기간	4주	1,000만 원 미만 : 1주일, 1,000만 원 이상 : 8주
명도	법원 주체로 인도명령제도 있음	매수자가 개별소송이나 합의명도
매수자 명의 변경	불가	가능
항고 여부	이해관계인 불복 시 10% 공탁 후 항고	항고제도 인정하지 않음

경매·공매 잔금은
금융기관을 이용하라

경매 잔금 대출을 적극적으로 취급하는
금융기관을 찾아라

토지 투자를 하면서 금융기관의 도움을 받는 것은 필수다. 은행 대출을 이용하면 이자를 부담하지만, 자기 자금의 부담이 줄고 수익률이 매우 높아진다는 이점이 있다. 경매로 토지를 매입하는 경우 낙찰금액의 80%를 경매 잔금 대출을 받을 수 있다. 모든 금융기관이 다 취급하는 것은 아니고, 새마을금고, 상호저축은행, 신협 등에서 광고·홍보와 함께 적극적으로 취급하고 있다. 금융기관이 해당 물건지와 너무 먼 경우 원격지 대출 취급 제한이 있다. 가능하면 물건지와 인근 지역의 금융기관을 이용해야 할 것이다.

해당 금융기관에 직접 찾아가서 창구상담을 하면 친절히 안내해준다. 대출이자도 일반 부동산 담보 대출과 비슷한 수준이고, 까다롭거나 어려운 것이 전혀 없다. 경매 잔금 대출을 신청하면 금융기관에서 법무사에 위임해 잔금을 법원에 납부하고, 소유권이전등기까지 완료한 후 등기권리증을 가져다준다. 등기비용 및 법무사수수료만 부담하면 된다.

소액 투자일 때 역시 금융기관의 경매 잔금 대출을 이용하면 많은 도움을 받을 수 있다. 자기 자금 1,000만 원으로 4,000~5,000만 원짜리 토지를 낙찰받을 수 있는 것이다. 대출금에 대해서는 매월 이자만 내고 개발행위를 통해 가치를 높인 후, 적당한 시기에 매각해 대출금을 상환하고 투자금 및 수익금을 회수하면 된다.

용인시 수지전화국 옆 근린생활시설 경매 잔금 대출 사례

필자가 은행에 근무할 때 경매 잔금 대출을 취급한 적이 있다. 1999년이었고, IMF가 진행되고 있을 시기였다. 대상 물건은 용인시 수지구의 수지전화국(현재는 KT 수지빌딩) 옆에 있는 6층의 근린생활시설 건물이었고, 그 건물이 통째로 경매가 진행되고 있었다. 감정 금액은 13억 원 정도였고, 층별 임차인들이 그대로 사용하고 있었으며, 지하층은 공실이었는데 컸다. 은행의 거래처였던 중소제조업체의 A사장님이 그 물건을 가져와서 상담했다. 1층과 지하층은 회사의 사무실과 창고로 사용할 계획이라고 했다.

그 회사는 각종 한방차를 제조하는 업체로서 은행의 우수한 거래처였고, 신용등급도 매우 좋았다. A사장님이 가지고 오신 물건을 검토한 결과, KT 수지빌딩 바로 옆이라서 위치도 좋았고, 미래의 투자 가치도 훌륭한 것으로 판단됐다. 그래서 낙찰금액의 90%까지 대출해주겠다고 약속했다. A사장님은 경매 컨설팅을 통해서 9억 7,500만 원에 낙찰을 받았고, 그 입찰에서 2위는 9억 5,500만 원이었다. 아슬아슬하게 낙찰 받는 데 성공했다.

A사장님은 경매 잔금 대출을 이용해 경매 잔금을 납부했다. 그 후 주변 부동산 중개사무소에 가서 그 건물의 정상적인 시세를 알아본 결과, 14~15억 원은 받을 수 있지 않겠냐는 대답에 환호했다. 자기 자금 1억여 원을 투자해 자기의 본사 사옥이 하나 생기고, 임대수입 및 투자 이익까지 매우 높은 수익률을 얻은 엄청난 투자였다.

경매 잔금 대출을 이용한 수익률 산출

경매로 토지 투자를 하면서 은행의 대출금을 이용하는 것은 필수다. 경매 잔금 대출을 이용하면 이자를 부담하지만, 자기 자금부담이 그만큼 적고, 자기 자금 투자금 대비 수익률을 따져보면 매우 높다. 경매는 아니었지만 비슷한 일반 매매의 사례를 들어보자.

2012년 화성시 향남읍 화리현리에서 1억 원을 가지고 토지 투자를 한 적이 있다. 지인으로부터 계획관리지역의 임야 153평을 7,000만 원에 샀다. 공장용지로 개발해 매각할 계획이었다. 등기비용 및 토목공사 등의 비용으로 3,000만 원을 사용했다.

은행의 대출금은 이용하지 않고 전액 자기 자금으로 공사까지 마무리했다. 그로부터 2개월여 후에 1억 8,000만 원을 받고 공장용지로 매각했는데, 약 6개월 만의 경상이익은 8,000만 원이었다. 자체의 경상이익률은 80%였다. 엄청난 수익률이었다.

은행의 대출금을 이용했을 경우 수익금 산출은 다음과 같다. 토지 담보 대출의 경우 감정가격(소액의 경우 매매가격 적용)의 70%까지 대출을 받을 수 있었다.

토지 매입비(자기 자금)	2,100만 원(① 은행 대출금 4,900만 원, 이자 연 4.5%)
소유권이전 비용	250만 원(취득세, 등록세, 법무사비용 등)
토목 공사 비용	2,700만 원
금융비용(대출금 이자)	110만 원(4,900만 원 × 4.5% × 6개월)

② 자기 자금 지출　　　　총 5,160만 원
③ 수입(공장부지 분양)　　153평 × 120만 원/평 ＝ 1억 8,000만 원
④ 경상 이익(③ − ② − ①) 총 7,940만 원

자기 자금 부담액 대비 경상이익률은 7,940만 원/5,160만 원 × 100% ＝ 153.9%가 된다. 자기 자금만으로 토지 투자를 했을 때와는 거

의 2배의 수익률이 산출됨을 알 수 있다. 은행 대출금을 이용해서 2배의 땅(300평)에 투자했더라면 수익도 그 2배가 됐을 것이다. 경매 잔금 대출의 경우 낙찰금액의 80%까지 대출을 받을 수 있어 그 수익률은 더 올라간다.

경매·공매는 농지도 무피 투자가 가능하다

흔히 무피 투자는 상가나 주거용 부동산만 가능한 것으로 이해하고 있다. 경매·공매의 낙찰 잔금 대출을 70~80%를 받은 뒤 임대보증금으로 투자금 20~30%를 회수하면 무피가 되는 것이다. 토지 투자에도 무피 투자가 가능하다. 어느 투자자의 투자 사례를 교훈으로 삼아보자.

평소에 농지 투자를 활발히 하는 지인이 있다. 2013년경 지방의 A산업단지 인근의 농지가 경매로 나와 함께 검토한 적이 있다. 지방의 농지들은 비교적 지렴한 편이어시 큰 자금 없이 투자할 수 있다. 이 긴은 지인이 보유한 자금의 규모에 딱 맞는 경매 건이었다. 355평의 농지(지목 '전')였고, 감정가격은 1억 1,000만 원이었다. 경매에서 2차까지 유찰되어 최저입찰가격이 7,040만 원이었다. 진입로는 만족스럽지 못했지만, 평당 가격으로 따져보면 20만 원 선이었다. 그 농지는 A산업단지 공사가 진행 중인 현장과 약간 떨어져 있었지만, A산업단지의 분양가격이 평당 250만 원씩이었기 때문에 투자 가치가 충분하다는 결론을 내렸다. 지인은 7,555만 원에 입찰해 1순위로 낙찰을 받았다.

지역의 농협에 가서 상담한 결과, 경매 잔금 대출이 가능했다. 낙찰금액의 80%인 6,000만 원의 대출이 가능했고, 지인은 나머지 10%만 보태서 경매 잔금을 납부하고 소유권 등기를 마쳤다. 감정가격이 1억 1,000만 원인 토지를 자기 자금 1,750만 원(낙찰금액의 20%인 1,500만 원과 등기비용 250만 원)으로 매입한 것이다.

매입 후 6개월이 지나 A산업단지 공사가 마무리되어갈 즈음, 주변 땅 시세가 많이 올라 농협에서 추가대출로 3,000만 원을 더 받을 수가 있었다. 7,555만 원에 낙찰받고 등기비용 250만 원을 합하면 7,805만 원을 지출했는데, 9,000만 원을 대출받았으니 현금 1,195만 원이 더 생긴 셈이었다.

물론 땅값이 오르는 지역을 잘 선정해야 하겠지만, 이렇게 개발지 주변은 농지라도 토지의 무피 투자가 가능하다.

토지의 경매·공매는
권리관계가 복잡하지 않다

경매·공매 시 토지 거래의 특징

흔히들 경매나 공매는 법적인 권리관계가 복잡하고, 권리분석이 까다로울 것으로 생각한다. 일반 부동산의 건축물이나 주택의 경우에는 약간 복잡할 수도 있고, 눈에 보이지 않는 권리관계 등이 있을 수 있다. 하지만 토지의 경매나 공매는 건축물이나 주택의 경우와는 달리 의외로 수월한 편이다. 가장 중요한 것은 도로와 접해 있는지와 진입로의 여건이나 상태 등이다. 이것은 현장조사 및 지적도상으로 확인 가능한 것이다.

땅은 경매 시장에서 대표적인 소액 투자처이고, 대중적인 인기물건이다. 물론 대형 토지의 경매가 진행되기도 하지만, 소형 토지가 경매로 나오는 경우가 많다. 토지 경매는 권리분석이 간단 명확하고, 토지의 가치를 알면 초보자도 값싸게 낙찰받을 수 있다. 땅의 미래가치를 정확히 볼 수 있으면, 우량물건을 낙찰받아 큰 수익을 올릴 수 있다.

전국적으로 1만여 건 이상의 토지 경매 물건이 공급되고 있어 선택의 폭이 점점 넓어지고 있다. 농지나 산지를 경매나 공매로 매입할 경우 개발행위허가의 가능성을 꼼꼼히 따져봐야 한다. 농지는 여전히 거래규제나 보유제한이 따르며, 도시계획에 의해 개발하는 데 어려움이 따를 수 있다. 경매 시장에 주로 나오는 토지는 대지, 농지(전, 답, 과수원), 임야 및 주차장 용지 등이다.

토지 경매·공매의 장점

① 시세 대비 싸게 살 수 있다(수익성이 높다)

토지 경매·공매의 최대 장점은 싸게 살 수 있다는 점이다. 때에 따라서는 개별공시지가 이하로도 매입할 수 있다. 경매·공매에서 1회 유찰될 때마다 최저 매각 가격이 10~20%씩 떨어져 감정평가액의 50% 이내에서 낙찰되기도 한다.

② 지역이 한정되지 않는다

경매·공매로 토지 투자를 할 때는 전국의 매물을 다 볼 수가 있어서 일정 지역에 국한되지 않는다. 미래가치나 수익성이 좋은 물건이 있으면 전국 어디든 입찰할 수 있다.

③ 안전하다

경매의 중개인은 법원이다. 법원은 채권자의 경매 신청에 문제점만 없으면 가장 안전하게 거래가 이루어지도록 중개인 역할을 해준다. 공매는 캠코(KAMCO)에서 진행한다.

④ 명도소송이 필요하지 않다

처음 경매·공매를 접하는 사람은 쉽지 않겠지만, 토지 경매·공매의 경우 거주자나 점유자가 없으므로 명도절차가 필요치 않다. 유치권이나 법정지상권 신고 여부를 확인해서 그에 따른 조치를 하면 간단히 끝날 수 있다.

⑤ 토지거래허가 생략

토지거래허가지역의 토지라도 경매를 통해 낙찰받으면 토지거래허가를 별도로 받지 않아도 된다. 농지의 경우 농지취득자격증명(일명 농취증)은 받아야 한다.

토지의 경매·공매 시 땅에 대한 분석

① 등기부등본상의 권리

등기부등본상 근저당권, 가압류, 압류, 가등기 등의 권리는 모두 말소된다. 경매·공매의 목적이 그 채권자들의 채권을 회수하기 위한 것이고, 그 절차 이후에는 법원에서 모두 말소시킨다. 배당요구를 했든, 안 했든 상관없다.

② 개발행위허가 가능 여부

농지와 산지의 경우 개발행위허가를 통한 형질변경이 가능한지, 아닌지를 잘 분석해봐야 한다. 이는 해당 토지 소재지에 있는 토목측량사무소 등에서 쉽게 확인해볼 수 있다.

③ 용도지역을 정확히 파악하라

해당 토지의 용도지역을 정확히 확인해야 한다. 산지의 경우 산지관리법을 적용받으므로 경사도를 조사해야 한다. 용도지역이 준보전산지인 임야를 노려라.

④ 농지취득자격증명 제출

경매 농지를 입찰해서 낙찰받으면, 농지취득자격증명을 발급받아 법원에 제출해야 소유권이전등기를 받을 수 있다. 농취증은 해당 읍·면 사무소에서 누구나 발급받을 수 있다.

⑤ 공유자우선매수청구권 행사

유별나게 값싼 농지의 경매일 경우 공유지분에 대한 경매일 수 있다. 이 경우 다른 지분권자가 공유자우선매수청구권 행사를 할 여지가 있다. 물론 입찰보증금은 돌려받는다.

⑥ 정확한 경계 파악

경계가 불분명한 토지가 있을 수 있다. 정확한 경계를 파악해야 하고 특히 진입로 문제일 경우에는 매우 중요한 부분이다. 공부상 확인 및 현황을 반드시 확인해야 한다.

⑦ 최근 시세 확인

토지의 경매 진행 시 감정평가서를 확인할 수 있지만, 그것은 단지 참고용일 뿐이다. 최근 거래 시세는 인근 부동산 중개사무소에 가서 직접 확인을 해야 한다.

보상 경매는 낙찰받는 순간 투자 이익이 확정된다

보상 경매란 누군가 매수하기로 약속된 땅을 경매 진행하는 것을 말한다. 매수가 약속됐다면 그 매입가격도 거의 확정되어 있을 것이다. 그렇다면 그 금액 이하로만 낙찰을 받으면 그 차액은 수익이 된다. 개발사업이 예정된 지역의 부동산이 경매에 나왔을 때 해당하는 이야기다. 국가나 지자체 등 사업시행자가 지급할 보상금보다 낮은 가격으로 낙찰받으면 수익이 되는 경매 투자 방법인 것이다.

이런 경매 물건은 공익사업 계획이 수립된 지역에서 나온다. 국가나 공공기관, 지방자치단체 등이 시행하는 산업단지, 택지개발지구, 도로, 철도, 항만 등의 공익사업은 사전에 계획 수립, 발표 후 개발이 진행된다. 경매 물건이 공익사업 개발지에 포함된 것인지, 아닌지는 토지

이용계획확인서에서 확인할 수 있다. 토지이용계획확인서상 '도시개발구역', '국가산업단지', '일반산업단지', '소로 1류, 중로 2류, 대로 1류', '도로구역', '공원' 등으로 표기가 있으면 보상의 대상이라는 것이다. 이런 땅이 바로 보상 경매의 대상이 되는 것이다.

보상 경매에서 해당 토지를 낙찰받았는데 보상이 이루어지지 않고 있으면, 그것 또한 투자금이 묶여버리는 것이다. 따라서 보상금 지급 시점을 조사해야 한다. 공익사업은 해당 지자체에서 사업 진행 현황을 상세히 파악하고 있다. 따라서 해당 지자체의 도시계획과에 가서 담당자와 상담을 해보면 알 수 있다. 보상금 지급 계획이 수립되어 있으면 잘 설명해주겠지만, 그렇지 않으면 담당자라도 함부로 말을 못 할 것이다. 공익사업의 추진이 어느 단계까지 진행됐는지를 상담해보고 스스로 추정을 해봐야 한다. 투자금이 오랫동안 묶이게 해서는 안 된다.

경매·공매는
세금이 철저하다

국세 및 지방세의 구분

부동산 관련 세금에는 국세와 지방세가 있다. 국세는 정부에서, 국세청 또는 관세청을 통해 국가의 재정조달을 위해 부과 징수하는 세금을 말한다. 지방세는 각 지방자치단체가 부과 징수해서 지사체를 운영하는 비용으로 사용하는 세금이다. 일반적으로 세금 신고 시 과세관청이 어딘지 알고 처리하면 도움이 될 것이다. 여기서는 부동산 관련 부과될 수 있는 세금들을 위주로 알아본다.

국세의 종류에는 14가지가 있다. 그중 부동산 관련 세금은 법인세, 종합소득세, 종합부동산세, 상속세, 증여세, 인지세, 부가가치세, 농어촌특별세 등이 있다. 지방세의 11개 항목 중 부동산 관련 세금은 취득세, 지방교육세, 등록면허세, 지방소비세, 재산세, 지역자원시설세, 지방소득세 등이 있다. 양도소득세는 소득세에 포함되므로 국세로 분류된다. 경매로 넘겨진 부동산에 대해서도 양도소득세가 부과될 수 있다. 사업자나 개인이 어렵고 힘들어져 부동산이 경매로 넘어간 후에도 양도소득세는 부담해야 한다.

토지 투자 시 세금의 종류

경매·공매를 통해 토지 투자를 해도 세금부담은 일반 매매와 똑같다. 경매의 경우 법원에 내는 인지세 등이 있으나 그것은 소액이어서 큰 부담이 아니다. 따라서 경매·공매를 통한 토지 투자 시 부담해야 하는 세금 등 비용에 대한 설명을 일반 매매에 따라서 설명하도록 한다.

아파트와 비교하면 토지 투자 시 세금 부담이 더 크다는 생각으로 토지 투자를 꺼리는 분들이 있다. 잘못된 생각이다. 2021년부터 부동산 양도소득세가 개정되어 다주택자의 경우 아파트가 토지보다 양도세율이 더 높아졌다. 세금 면에서 토지 관련 세금 제도가 더 유리해진 것이 개정된 부동산 정책이다. 토지는 크게 사업용 토지와 비사업용 토지로 나누어진다. 그 세율의 차이는 자료 2-2에 상세히 명시되어 있다.

토지를 투자할 때 내야 할 세금의 종류를 살펴보면 다음과 같다.
전, 답, 임야 등을 매입해 주택용지, 공장용지, 창고용지 등으로 형질변경한 후 주택이나 공장 등 건물을 신축하는 과정의 세금 등을 알아본다.

① 토지 매입 시 취득세, 농어촌특별세, 지방교육세 등

토지 잔금을 치르고 소유권이전등기를 하기 위해 내야 하는 세금이다. 토지(임야, 나대지 등)의 취득세는 4.6%(취득세 4%+농어촌특별세 0.2%+지방교육세 0.4%)이고, 농지(전, 답, 과수원, 목장용지)의 취득세는 3.4%(취득세 3%+농어촌특별세 0.2%+지방교육세 0.2%)다. 농지의 경우 귀농인, 농업인(2년 이상 자경), 농업 후계인, 청년창업형 등이면 취득세의 50%를 감면받는 혜택이 있다. 또 부가가치세, 등록면허세, 지방소비세 외 몇 가지가 있다.

② 농지는 농지보전부담금, 임야는 대체산림자원조성비

농지전용허가를 받아서 형질변경(토목공사)을 하고자 하면, 농지보전부담금(개별공시지가의 30%)을 내야 한다. 산지전용허가에 의한 임야를 개발할 때에도 대체산림자원조성비를 부담해야 한다. 임야의 전용비가 농지의 전용비보다 저렴하다.

- **농지보전부담금** = 개별공시지가 × 30% × 전용면적(㎡) × 감면율(해당 시)
- **대체산림자원조성비**
  = 산지전용면적 × (㎡당 부과금액 + 개별공시지가의 1%)

개발행위허가를 위한 토목설계 및 건축설계는 각각의 설계사무소와 계약해 진행하므로, 설계비는 설계사무소에 지급해야 한다. 설계 및 인허가비는 세금이 아니다.

③ 건물신축 후 보존등기 시 취득세

건물의 신축공사가 끝나면 건축물에 대한 소유권 등기를 해야 하는데, 그전에 신축건물분에 대한 취득세를 내야 한다. 세율은 3.16%이며, 준공 후 1개월 이내에 내야 한다. 물론 소유권 등기를 위한 법무사비용도 함께 부담해야 한다.

④ 토지 지목변경 관련 취득세

신축건물의 준공이 나면, 주택의 경우 '대지'로, 공장의 경우 '장(공장용지)', 창고의 경우 '창(창고용지)'으로 지목이 변경된다. 해당 토지의 가치(개별공시지가)가 그만큼 상승하게 되는데, 그에 대한 취득세를 부담해야 한다. 개별공시지가 상승분의 2.2%이며, 30일 이내에 자진 신고해야 한다.

⑤ 개발부담금

마지막으로 개발부담금이다. 개발부담금은 지역에 따라서 차등 적용된다. 지역별로 보면, 특별시 및 광역시는 $660m^2$ 이상, 특별시 및 광역시를 제외한 도시지역은 $990m^2$ 이상, 비도시지역은 $1,650m^2$ 이상의 면적을 개발행위를 했을 때 부담해야 한다. 건축물 준공 당시의 토지 소유자가 개발이익의 25%를 건물준공 후 40일 이내에 내야 한다.

• **개발이익** = 종료시점지가 − (개시지점지가 + 개발비용 + 정상지가상승분)

개발면적 2,700㎡ 이하의 경우 시, 군, 구에서 표준비용에 의한 개발
부담금을 부과하므로 비교적 저렴하게 신고할 수 있다.

부동산 보유세, 상속세 및 증여세

부동산 보유세란 토지나 주택 등을 보유한 사람에게 부과하는 재산
세와 종합부동산세를 말한다. 재산세는 모든 부동산에 대해 과세하는
세금으로, 매년 6월 1일을 기준으로 해 소유권을 가지고 있는 사람에
게 부과한다. 종합부동산세는 주택, 나대지, 상가 등 부동산을 많이 가
지고 있는 사람들에게 부과하는 세금이다.

재산을 상속받을 때 부담하는 상속세나 재산을 증여할 때 납부해야
하는 증여세 등도 그 대상이 부동산일 때가 많다.

사업용 토지 및 비사업용 토지의 양도소득세율

사업용 토지라고 하면 사옥이나 공장을 신축하기 위한 토지, 주차장
및 임대업 등에 직접 사용되는 토지를 말한다. 비사업용 토지는 실수요
를 위한 목적보다는 재산증식수단으로 매입해서 일정 기간 보유하는
토지를 말한다.

세법개정으로 사업용 및 비사업용 토지의 양도소득세율이 개정되어
최고세율이 상향됐다. 2021년 1월 1일자로 달라진 양도소득세율은 다

음 자료 2-2와 같다.

보유 기간	과세표준	사업용 토지		비사업용 토지	
		세율	누진공제액	세율	누진공제액
1년 미만	–	50%	0	50%	0
1년 이상 ~ 2년 미만	–	40%	0	40%	0
2년 이상	1,200만 원 이하	6%	0	16%	0
	1,200만 원 초과 ~ 4,600만 원 이하	15%	108만 원	25%	108만 원
	4,600만 원 초과 ~ 8,800만 원 이하	24%	522만 원	34%	522만 원
	8,800만 원 초과 ~ 1억 5,000만 원 이하	35%	1,490만 원	45%	1,490만 원
	1억 5,000만 원 초과 ~ 3억 원 이하	38%	1,940만 원	48%	1,940만 원
	3억 원 초과 ~ 5억 원 이하	40%	2,540만 원	50%	2,540만 원
	5억 원 초과	42%	3,540만 원	52%	3,540만 원
미등기토지	–	70%	–	70%	–

자료 2-2. **사업용 토지와 비사업용 토지의 개정된 양도소득세율**(2021. 1. 1 기준)

급매 토지,
더욱 신중하라

급매물, 반값매물은 이렇게 찾아라

급매물은 토지주가 피치 못할 사정이 생겨 급히 매도하기 위해 내놓은 매물을 말한다. 이 경우 대개 시세보다 싸게 내놓는다. 반값매물이란 특별한 사유로 인해 주변 시세보다 아주 낮은 금액으로 내놓은 매물이다. 급매물이나 반값매물 자체에 하자가 없고, 그야말로 소유자의 긴급한 사정 때문에 급하게 팔기 위해서 내놓은 매물이라면 큰 행운이다. 이런 행운을 만나기는 쉽지 않다. 부동산 중개사무소에 이런 매물이 나오면 일반인에게 소개하기란 쉽지 않을 것이다. 가까운 지인이나 부동산 중개사무소에서 직접 매입을 해버릴 수 있기 때문이다. 따라서 가까운 지인이 되기 위해서는 자주 들러서 친분을 돈독히 쌓아야 할 것이다.

2013년 화성시에서 공장용지개발 사업을 하고 있을 때였다. 부동산 중개사무소를 여러 군데 들르면서 함께 차도 마시고, 공장용지 분양도 부탁하던 시절이었다. 어느 날 점심때쯤 점심이나 함께할 생각으로 정남면에 있는 T부동산 중개사무소에 들렀다. 친하게 지내던 K소장님께서 갑자기 정색하고 앉아보라는 것이었다. 어제 오후에 급매물로 접수된 것이라며, 나에게 서류를 하나 보여주면서 다짜고짜 매입하라고 했다. 나머지는 전부 자기가 책임지겠다며 중개료만 넉넉히 달라는 것이었다.

향남면 길성리의 계획관리지역 농지(답) 950평인데, 개발행위허가까지 받아놓은 상태였다. 4억 5,000만 원만 받고 넘기겠다는 것이었다. 정남에서 가까운 곳이고, 수시로 지나다니는 길이라 훤히 아는 곳이었다. 바로 K소장님과 내 차로 현장으로 달려갔다. T부동산 중개사무소에서 10여 분 거리에 위치하고, 2차선 도로에서 $1km$ 정도의 거리에 있는 농지였다. 개발행위허가를 취득했기에 농지취득자격증명은 필요 없었다. 농지보전부담금도 납부된 상태였기 때문에 허가를 받은 땅치고는 훌륭한 금액이었다. 잔금을 치르고 나면 즉시 토목공사를 시작할 수 있어서 투자 기간이 매우 짧아 그만큼 수익률이 높은, 매우 좋은 기회였다.

바로 다음 날 계약서를 작성하고, 15일 후 농협의 잔금 대출을 이용해 잔금을 치르고, 즉시 토목공사를 개시했다. 알고 보니 땅 주인은 조상 대대로 그 동네에서 살아온 사람이었다. 본인이 농사짓던 논을 개발해 60평짜리 소형공장 6동을 지어 임대할 계획이었다. 그 당시 각 동당 보증금 1,000만 원 및 월세 100만 원이었으니 매월 600만 원씩의 정기적인 수입이 생겨 노후가 보장되는 것이었다. 그런데 갑자기 동대문에서 의류사업을 하던 큰아들이 부도 직전이 되어 노부부가 고심 끝에 이 땅을 팔기로 했다는 것이다.

나에게는 너무나 큰 행운이었다. 향남IC에서 불과 5분 거리였다. 공장 건물 6동을 지어서 넉넉한 수익을 남기고, 짧은 기간에 분양을 완료했다. 급매물의 혜택을 톡톡히 볼 수 있는 투자였다. 지금도 정남의 K소장님과는 매우 친하게 지내고 있다.

경매 직전의 물건을 접하면 채권자를 직접 만나라

지금은 정년퇴임을 하신 화성시청 모 과장님의 소개로 L사장님을 만났다. 부동신을 많이 보유하고 계셨고, 남양읍 모처에서 큰 공상을 가지고 제조업을 하고 계신 분이었다. 나도 그때는 남양읍에서 공장용지 개발사업을 하고 있을 때였다. 3명이 수시로 만나서 점심도 먹고 차도 마셨다. 어느 날 L사장님께서 나와 단둘이 조용히 차 한잔하자며 전화를 걸어왔다. 나는 곧바로 약속된 찻집으로 달려갔다.

L사장님의 얼굴은 수심이 가득해 보였다. 금융기관 생활을 했던 나의 이력을 알고 상의를 하시려는 것이었다. 제조업 공장을 비롯해 여기

저기에 총 6개의 부동산을 보유하고 있는데, 일부는 경매가 진행 중이고, 일부는 대출금 이자를 연체 중이셨다. 경매가 진행 중인 것은 해결할 방법이 없었고, 이자 연체 중인 대출금의 담보 부동산을 검토하기 시작했다. 금융기관 대출뿐만 아니라 지인들로부터 많이 차입해, 근저당권이 여러 건이었다. 금융기관의 가압류 및 개인 채권자의 가압류도 있었다.

남양읍의 다른 지역에 있는 계획관리지역 임야 4,000평과 강원도 평창군에 있는 농지 7,000평을 묶어서 지인 H와 매매계약을 체결시켰다. 매매금액은 2건의 부동산에 걸려 있는 채권을 다 정리하는 수준의 금액이었다. 채권금액이 2건의 부동산 시세와 거의 비슷했다. 각각 채권자들을 만나서 협상을 해보고 채권자들의 양해를 구하면 그때 매매계약이 유효한 것으로 약속하고 계약서에 명시했다. 개발 후 이익금 중일부를 현금으로 드리는 특약의 조건도 명시했다.

일단 연체 중인 대출금을 다른 은행에 대환하기로 상담을 끝냈다. 가압류 2건은 일부 상환하고, 나머지는 후순위 근저당권으로 돌리기로 양해가 됐다. 또한, 개인 채권자들이 4명이었는데, 3명은 말소 후 대환 은행 대출금의 후순위로 재설정하기로 양해가 됐는데, 문제는 1명이 절대 그렇게 못 하겠다고 했다. 만약 경매가 진행되어버리면 한 푼도 못 받게 될지도 모른다고 설득해도 막무가내였다. 결국, 채권액 1억 5,000만 원 중 9,000만 원을 지급하고 말소를 했다. 결국, 그분은 6,000만 원을 포기했다.

지인 H는 자기 자금 일부만으로 토지 2건 1만 1,000평이 생겼고, 경매로 다 날릴 뻔했던 L사장님은 일부라도 찾을 수 있게 됐다. 급매도 안되고 반값 매매도 불가능한 경우였다. 채권자들의 양해와 평소의 친분으로 믿음이 있었기에 가능했던 일이었다.

개인적으로 급한 일은 좋은 일이 없다

급매물이나 반값 매매의 경우 그 사유를 들어보면, 거의 "개인적으로 급한 일이 생겨서"라고 한다. 개인적인 급한 일은 좋은 일이 거의 없을 것이다. 하지만 가까운 사이가 아니면 상세히 밝히지도 못하고, 또 나쁜 일이면 숨겨야 매매가 성사될 수 있다. 투자자로서는 잘못하면 피해를 볼 수 있게 된다. 그 급한 일이 해당 토지와 관련이 없는 일이라면 오히려 행운이다. 급매물은 대개 시세보다 10~20% 싸게 나오기 때문이다.

토지주의 채무와 관련된 일이라면 내일 바로 압류나 가입류가 들어올 수도 있을 것이다. 소유권 이전 등기이전에 권리침해를 받을 수 있다는 이야기다. 계약금 및 중도금이 넘어간 상태에서 권리침해를 받게 되면 거래당사자 상호 간에 난처해질 뿐이다. 급매물이나 반값 매매의 경우 그래서 더욱 신중해야 한다.

서류 검토를 더욱 꼼꼼히 하라

두말하면 잔소리다. 서류 검토 및 현장 확인도 더욱 철저하게 해야 한다. 매매계약 체결 후 권리침해 등 돌발상황이 생기면 계약을 취소하고 환급한다는 등의 각서도 받아 둘 필요가 있다. 등기부등본을 직접 발급해 보고(만약 '접수사건 진행 중'이라고 뜨면 며칠 기다린 후 그 접수사건이 무엇인지 반드시 확인해야 한다), 토지대장, 임야대장, 토지이용계획확인서, 지적도 등도 본인이 직접 발급받아 확인해야 한다. 현장에 가서 진입로의 현황과 지적도를 비교해보고, 옆 토지와의 상관관계가 어떤지도 확인해야 한다. 가능하면 인근 주민들과 대화해보고 특이점이 있는지 확인해볼 필요도 있다.

범죄와 관련된 느낌이 있으면 즉시 포기하라

'급매물', '반값매물'의 용어를 이용해 범죄를 저지르려는 자들이 있다. 먼 지방의 이름도 없는 토지를 가지고, 부동산에 대해서 잘 모르는 사람들에게 접근해 급매물이나 반값매물이라고 꼬드겨 계약하게 하는 파렴치한들을 조심해야 한다.

이중, 삼중 계약을 해서 계약금만 받고 잠적해버리는 경우도 조심해야 한다. 또 서류를 위조해 자기가 소유자인 것처럼 행세하면서 매매계약을 체결하는 예도 있다. 대부분 먼 지방의 토지나 부동산을 가지고 계약을 성사시키려는 것들이다. 아무리 급하고 바빠도 서류를 다 점검하고, 현장도 직접 가서 확인한 후 계약서에 도장을 찍어야 한다.

공인중개사의 말을
맹신하지 말라

지역별 친한 부동산 중개사무소를 만들어라

모든 대인관계가 그렇듯이, 부동산 중개사무소도 친하게 지내면 서로 도움이 많이 된다. 전국을 다니며 부동산 투자를 하시는 분들은 지역별 친한 중개사무소를 곳곳에 만들어둬야 한다. 현지인이 운영하는 부동산 중개사무소가 가장 정보도 많고 정확하다.

지방 부동산을 찾을 경우, 시청이나 구청 인근의 규모 있는 부동산 중개사무소와 토지가 소재하는 면사무소 근처의 부동산 중개사무소를 방문해서 정보를 구하는 것이 좋다. 시청이나 구청 인근의 경우에는 전체적인 분위기나 흐름을 파악할 수 있고, 면사무소 인근에서는 해당 물건의 이력이나 현지의 여러 사정을 접할 수가 있다.

수도권의 경우 일정 지역에서 투자하는 경우에는 4~5곳의 부동산 중개사무소와 친분을 맺고 지내면 상호 도움이 된다. 수시로 정보 교환을 하고 좋은 매물을 먼저 알려주며, 내 땅을 매매나 분양할 때 우선해 처리해주기도 한다.

국토교통부 실거래가 공개시스템

부동산을 매매한 경우 30일 이내에 실거래 신고를 하게 되어 있다. 신고기한 내에 실거래 신고를 하지 않으면 500만 원 이하의 과태료가

자료 2-3. 국토교통부 실거래가 공개시스템

부과된다. 실거래 신고를 하고 나면 전산을 통해 국토교통부 실거래가 공개시스템에 매매 거래가격이 반영된다. 수시로 조회해볼 수 있으며, 일정 지역의 거래명세도 월별 날짜별로 조회가 가능하다.

예를 들어, 화성시 팔탄면 구장리의 매매 명세를 월별로 검색을 해볼 수 있다. 일반 매매뿐만 아니라 경매나 공매 거래 시에도 시세를 참고할 수 있다. 하지만 너무 맹신은 금물이다. 여전히 허위신고가 있기 때문이다. '부동산 거래관리시스템'에서 매도인 또는 매수인이 신고하면 된다. 현지의 부동산 중개사무소에 들러 시세를 확인해보기 전에 참고로 검색을 하고 가면 도움이 될 것이다.

자료 2-4. 부동산 거래관리시스템

시세도 알아보고 미래의 전망도 예측해보자

토지 투자에 앞서 매입하고자 하는 토지에 대한 시세를 스스로 파악해야 한다. 주변인들의 말만 믿고 투자를 할 수는 없는 것이다. 스스로 발품을 팔아서 주변의 시세도 파악해보고 향후의 발전 전망에 대한 정보도 수집해야 한다. 미래의 전망 없이 토지 투자를 해서는 안 된다. 스스로 확신이 생겨야 하고, 투자하고자 하는 토지에도 신뢰가 생겨야 한다.

부동산 중개사무소를 이용해 시세를 알아보기란 쉽지 않다. 모르는 사람들에게 하릴없이 시세만 안내해주는 그런 중개인은 거의 없을 것이다. 현지의 부동산 중개사무소에 들러 내가 사고자 하는 땅과 비슷한 땅을 팔겠다고 해서 시세를 파악해본다. 또 인근의 다른 부동산 중개사무소에 가서는 비슷한 땅을 사겠다고 해서 시세를 확인해볼 수 있다. 이럴 경우 양쪽의 차이가 있을 수 있는데, 이때는 그 중간 가격을 적용하면 그것이 시세가 된다.

토지 투자 고수의 투자 자문을 맹신하지 마라

흔히 토지 투자는 고수들만 접근하는 영역으로 생각한다. 땅은 아파트나 주택처럼 쉽게 거래되는 것이 아니기에 그 가치를 예측할 수 없어서 그런 것 같다. 하지만 토지 투자에서 고수가 따로 정해져 있는 것은 아니다. 여러분도 조만간 고수가 될 수 있다. 본인 스스로 공부하고 토지 투자 횟수를 늘려가면 경험이 쌓여 자기도 모르게 고수가 되어 있을 것이다. 남들이 하란다고 할 수도 없고, 남들이 못한다고 안 할 필요도 없다. 내가 판단하고 결정해서, 수익을 만들어낼 수 있으면 하고, 수익이 안 될 것 같으면 투자를 안 하면 된다. 투자란 수익성을 최우선으로 해야 한다.

거꾸로 이용하라

토지 투자를 하면서 부동산 중개사무소의 자문을 구할 일이 많다. 그런데 공인중개사의 말을 너무 맹신해서는 안 된다. 중개사가 나빠서가 아니다. 중개사로서는 거래를 성사시켜야 하므로 매도자와 매수자에게 하는 말이 약간 다를 수 있다. 투자자 본인 스스로 지식과 정보를 충분히 가지고 있어야 한다. 투자자 본인이 충분한 정보를 가지고 부동산 중개사무소에 가면 나름 여유가 생길 것이다. 공인중개사들의 말을 쉽게 이해할 것이고, 약간 허풍을 떤다면 금방 알아차릴 것이다.

내가 꼭 필요한 땅이 있을 때, 그것을 내가 원하는 금액에 매입할 수 있도록 만들어보자. 또 내가 개발한 땅이든 매물로 내놓은 땅이든, 서둘러 팔고 싶으면 부동산 중개사무소에서 내 땅을 빨리 팔도록 유도하면 된다. 중개수수료를 아끼지 말자.

나의 이익을 위해 부단히 노력하고 도와주고 있는데, 그 대가로 지급하는 중개수수료가 아까운가! 원하는 땅을 원하는 금액에 맞춰 사게 해 주면 그 자체로 많은 이익을 만든 것이다. 또 내 땅을 우선으로 분양하고 팔아주면 그 또한 매우 고마운 일이다. 중개수수료를 남들보다 많이 지급하고, 때에 따라서는 2배도 지급할 수 있어야 나의 수익을 극대화할 수 있다.

제 3 장

용도에 맞는 건물을 신축하면 토지 가치는 더 상승한다

신축하고자 하는 건축물과 땅과의 관계를 분석하자

개발행위허가를 받을 수 있는 땅인가?

땅이란 그 위에 건물을 짓는 것이 목적이다. 건물을 짓기 위해서는, 토지에 대한 개발행위허가와 건축공사를 위한 건축허가를 받아야 한다. 개발행위허가는 토지에 건물을 짓기 위한 개발행위의 계획이 적정한지, 주변 경관 및 환경과 조화로운지 등을 확인하는 것이다. 다시 말해서 도로 및 상하수도 등 기반시설과 건축공사를 할 수 있는 상태 등을 심사하는 것이다. 기반시설을 갖추고 위험하지 않은 안전한 건물을 지을 수 있도록 하기 위한 절차다. 건축허가는 어떤 건물을 어떻게 신축할 것인가를 확인하고 허락해주는 것이다.

개발행위허가의 대상은 개발되지 않은 토지가 그 대상이다. 일반적으로 개발행위허가를 따로 신청하지 않고 건축허가를 신청한다. 그렇다고 해서 개발행위허가가 면제되는 것이 아니고, 건축허가를 신청할 때 개발행위허가 심사에 필요한 서류를 함께 접수한다. 건축허가 심사를 진행하면서 개발행위에 대한 심사를 병행한다. 그 요건을 충족하지 못하면 건축허가가 나오지 않는다. 건축하기 위해서는 반드시 개발행위허가를 받아야 한다.

건물을 짓지 않고 원형지 땅을 변경시키는 것을 형질변경이라고 한다. 절토, 성토, 정지작업, 포장 및 공유수면 매립공사 등의 형질변경 및 토석채취, 토지 분할 등 형질변경을 하기 위해서 개발행위허가를 꼭 받아야 한다. 임야의 개발행위허가 기준의 핵심 3가지는 경사도, 입목축적, 표고다. 그 외 도로나 하수관로 등은 기본적인 요구사항이다.

경사도는 개발 대상 토지의 평균경사도(가로×세로를 각 10m 사각형으로 나누어 분석함)를 말한다. 입목축적은 개발행위 대상 토지에 입목된 수목의 울창도를 인근 지역과 수평적으로 비교하는 것이다. 표고는 기준점에서 개발행위허가 대상 토지까지의 높이를 말한다. 경사도, 입목축적, 표고 등의 허가 기준들은 모두 지자체의 조례에 따른다.

투자할 땅이 앞의 조건들에 맞는지 확인하고, 개발행위허가를 받을 수 있는지를 확인한 후에 매입계약을 해야 한다. 물론 토목사무소의 도움을 받아야 할 것이다.

토지이용계획확인서를 빠짐없이 열람했는가?

토지이용계획확인서는 국토교통부에서 운영 중인 토지이음(www.eum.go.kr) 사이트에서 언제든지 열람할 수 있다. '토지 이용규제 기본법'에 따라 필지별로 지역·지구 등의 지정 내용과 행위 제한 내용 등 토지 이용 관련 모든 정보를 확인할 수 있다. 토지의 주소, 지목, 면적뿐만 아니라 개별공시지가 및 지적도면 등도 쉽게 확인해볼 수 있다.

토지 투자를 위해 땅을 접하면 맨 먼저 토지이용계획확인서를 열람해야 한다. 가장 중요한 것이 지역·지구 등의 지정 내용과 행위 제한 등의 규제 내용이다. 국가에서 지정해놓은 사항들이며, 공익적인 목적으로 지정하고 규제해놓은 것이다. 규제되어 있는 토지에 투자해서는 안 된다. 건물을 지을 수 없는 토지로 보이지만, 자세히 조사를 해보면 신축이 가능한 토지도 있다. 그 조사능력이 투자자의 실력인 것이다. 토지이용계획확인서를 통해서 수익을 올릴 수도 있고, 위험을 피할 수도 있다.

용도지역과 용도지구에 맞는 건물을 지어야 한다

토지이용계획확인서에 명시된 지역·지구 등의 지정 내용에 맞는 건물을 계획하고 신축해야 한다. 용도지역은 우리나라 모든 토지에 지정되어 있다. 건축물의 용도, 건폐율, 용적률 등을 용도지역에 따라 달리 적용해 토지의 사용 용도를 정하고 있다. 용도지역별 신축 가능한 건축물의 종류는 법으로 정해놓고 있다. 동일 용도지역 내에서 각 토지의 용도를 더 세분화할 필요가 있어 용도지구를 지정하고 있다.

용도지역은 모든 토지에 지정되어 있지만, 용도지구는 지정된 토지가 있고 그렇지 않은 토지가 있다. 경관지구, 방화지구, 취락지구 및 개발진흥지구 등이 용도지구의 종류에 해당한다. 건물을 신축고자 할 때 토지의 용도지역과 용도지구에 맞는 건축물이어야 하고 규모여야 한다.

예를 들어, 지역·지구란에 '자연녹지지역, 특화경관지구'라고 지정되어 있다면, 이는 지역·지구가 다 지정된 토지다. 용도지역은 '자연녹지지역'이고, 용도지구는 '특화경관지구'라는 것이다. 자연녹지지역에 창고를 지을 수 있고, 특화경관지구에는 창고를 지을 수 없다. 이 경우에는 창고를 지을 수 없다. 용도지역(자연녹지지역)은 창고가 가능한 지역이지만, 특화경관지구(용도지구)에서는 창고를 허가하지 않기 때문이다. 따라서 토지 투자를 할 때 땅을 개발해서 건물신축 후 매각을 계획한다면 어떤 건물을 지을 것인가에 따라 토지를 잘 골라야 한다.

원하는 건물을 지을 수 있는가?

땅의 평가는 원하는 건물을 지을 수 있느냐, 없느냐에 따라서 만족하는 땅일 수도 있고, 아닐 수도 있다. 원하는 건물을 짓기 위해서는 지자체의 허가가 있어야 한다. 앞서 설명한 개발행위허가 및 건축허가를 받아야 한다. 건축허가의 요건은 다음과 같다.

① 진입도로

먼저 규모에 맞는 진입도로가 있어야 한다. 토지 개발면적별 진입로 확보 기준은 ① 1,000㎡ 미만(단독주택, 제1종근린생활시설)은 현황도로, ② 5,000㎡ 미만은 4m 이상, ③ 5,000~30,000㎡ 미만은 6m 이상, ④ 30,000만㎡ 이상은 8m 이상을 확보해야 한다.

② 용도지역·용도지구

용도지역과 용도지구에 맞는 건물이어야 한다.

③ 건폐율, 용적률, 높이 제한 및 주차장 면적 확보

건폐율은 대지면적에 대한 건축면적(1층 바닥면적)의 비율이고, 용적률은 대지면적에 대한 총바닥면적(연면적)의 비율이다. 용도지역의 종류에 따라 건폐율, 용적률, 높이 제한의 규정을 지켜야 하고, 건축물에 해당하는 주차면적을 확보해야 한다.

④ 입지여건

공장지대에 전원주택을 지어서 생활할 수 없고, 주택지에 공장이 들어서면 주민들의 민원이 빈발할 것이다. 주변 여건에 맞추고 땅의 입지에 맞는 건물을 지어야 한다.

개발촉진지구 내 투자 성공 사례

개발촉진지구의 유형은 낙후지역형, 균형개발형, 도농통합형으로 나눈다.

2010년 강원도 철원군이 낙후지역형 개발촉진지구로 지정됐다. 국토해양부는 약 4,000억 원을 투입해 도로 및 기반시설들을 확충했고, 고석정, 한탄강 등 자연자원을 이용해 관광투어 및 관광휴양산업을 중심으로 지역발전을 추진했다. 철원군의 지형별 특성에 따라서 DMZ 생태관광단지와 민속마을 조성 등의 사업으로 관광객을 유치하게 됐다.

낙후지역형 개발촉진지구로 지정되면 그 안에 있는 중소기업은 소득세 및 법인세를 4년간 50% 감면받게 된다. 농지전용이나 산지전용 등의 인허가를 쉽게 받을 수 있어 사업 추진 기간을 많이 앞당긴다. 토지개발 시 취득세와 등록세가 면제되고, 재산세를 5년 동안 50% 감면받는 혜택도 있다.

철원군의 개발촉진지구 지정에 발맞춰 철원군 갈말읍의 숙박 시설(모텔)에 투자해 성공한 사례가 있다. 2012년에 지인은 토지를 구입해 개발행위허가를 쉽게 받았다. 개발촉진지구의 여러 가지 혜택을 모두 누리면서 숙박 시설을 신축했다. 낙후지역 발전을 위해 관광휴양 관련 사업에 중점을 뒀기에, 관광인구가 많이 늘어날 것을 예상하고 모텔을 계획해 신축했던 것이다. 그의 예상이 그대로 적중해 점차 관광객이 늘어나고, 처음에는 주중에도 객실이 만실이었다. 주말에는 한탄강 등으로 가족 단위 나들이객들이 많아져 주변의 숙박업소들 모두 만실이었다. 일찍 예약하지 못하면 객실이 없을 정도였다. 개발촉진지구의 개발 방향에 맞춘 투자는 대성공이었다.

녹지지역, 관리지역 및
농림지역을 활용하라

녹지지역

녹지지역이란 '국토의 계획 및 이용에 관한 법률'에 의한 용도지역 중 도시지역의 한 종류다. 자연환경 및 경관의 보호, 야생동물 보호, 환경오염 예방 및 도시의 무질서한 확장을 방지하기 위해 녹지의 보전이 필요한 지역을 대상으로 지정해놓고 있다. 녹지지역 내에서는 지정된 건축물을 건폐율 20%, 용적률 80~100% 이하의 규모로 건축할 수 있으며, 필요에 따라 다음과 같이 세분해 지정하고 있다.

① 보전녹지지역

도시의 자연환경, 경관, 산림 및 녹지공간을 보전할 필요가 있는 지역을 말하며, 주로 임야에 지정된다. 도시의 무질서한 시가지화 방지,

생태계 보전의 완충지대 등의 기능이 있는 지역을 대상으로 지정한다. 보전녹지에 건축할 수 있는 건축물은 '국토의 계획 및 이용에 관한 법률 시행령' [별표 15]에 명시되어 있다. 4층 이하의 단독주택(다가구주택 제외), 근린생활시설, 의료시설, 노유자시설 및 농·임·축·수산업용 창고 등을 건축할 수 있다.

② 생산녹지지역

주로 농업적 생산을 위해 개발을 유보할 필요가 있는 지역, 즉 농업진흥구역, 개발규제를 위한 농지, 경지정리가 되어 있는 지역 등을 대상으로 지정한다. 생산녹지에 건축할 수 있는 건축물은 '국토의 계획 및 이용에 관한 법률 시행령' [별표 16]에 명시되어 있다. 대체로 보전녹지에 신축 가능한 건축물에 더해 4층 이하의 공동주택, 제2종 근린생활시설 등을 건축할 수 있다.

③ 자연녹지지역

도시의 녹지공간 확보, 도시확산의 방지, 장래의 도시용지 공급을 위해 필요한 지역으로서 불가피한 경우에 한해 제한적인 개발이 허용되는 지역을 말한다. 보전녹지지역과 연계해 녹지의 보전이 필요한 지역, 건전한 도시환경을 유지하는 데 필요한 지역 등을 대상으로 지정한다. 건축할 수 있는 건축물은 '국토의 계획 및 이용에 관한 법률 시행령' [별표 17]에 명시되어 있다. 생산녹지에 신축 가능한 건축물 및 연립주택 등을 건축할 수 있다.

보전관리지역의 활용 방안

보전관리지역은 비도시지역이며, 주로 임야에 지정된다. 물론 농지나 대지가 포함될 수 있다. 자연환경 보호와 수질오염 방지, 녹지공간 확보 등을 위해 관리의 필요성이 있는 지역을 말한다. 보전관리지역의 임야는 산지관리법상 보전산지 및 준보전산지로 분류된다. 보전산지는 다시 공익용산지와 임업용산지로 구분하는데, 개발이 어려운 지역이다. 따라서 토지 투자는 주로 준보전산지에서 이루어진다.

건축할 수 있는 건축물은 '국토의 계획 및 이용에 관한 법률 시행령' [별표 18]에 명시되어 있다. 4층 이하의 건물만 허용되고, 단독주택과 전원주택단지, 대략 $500㎡$ 정도의 제1종 근린생활시설 및 제2종근린생활시설(일부 제외), 요양원, 요양병원, 장례식장, 야영장 등이 가능하다.

보전관리지역에 전원주택단지를 계획해볼 수 있다. 서울에서 1시간 이내의 보전관리지역에 전원주택단지를 조성하는 것이다. 서울에서 가깝고 땅값이 저렴해 전원주택 수요자들의 선호를 받을 것이다. 땅값이 싸면 토지를 넓게 확보해 넉넉한 전원생활을 즐길 수 있고, 수도권과 가까워 친지들과 잦은 왕래도 가능하다. 개별적으로 보전관리지역에 땅을 구입해 단독 전원주택을 지을 수도 있을 것이다.

생산관리지역의 활용 방안

생산관리지역도 비도시지역이며 주로 농지에 지정되지만, 임야도 포함된다. 주로 농업·임업·어업 생산을 위해 관리할 필요가 있는 지역이다. 건축할 수 있는 건축물은 '국토의 계획 및 이용에 관한 법률 시행령' [별표 19]에 명시되어 있으며, 4층 이하의 건축물로 단독주택, 전원주택, 운동장, 창고 등을 신축할 수 있다. 토지의 형질변경 허가면적은 3만m^2 미만이다.

평택시 진위면 마산리가 고향인 선배가 상속받은 농지(지목 '답') 2,000평이 있었다. 약 5년 전에는 이 땅이 생산관리지역, 농업진흥구역이었다. 선배는 성남시 분당구에 살면서 평택으로 왕래하며 논농사를 지었다. 농업진흥구역이라서 아예 개발할 꿈을 꾸지 못하고 있었다. 한때는 축사를 지어서 5년 이상 운영하다가 용도를 바꿔 볼까도 생각했지만 번거롭기만 해 그만뒀다.

어느 날 이 지역을 평택시의 발전계획에 따라 경기도에서 농업진흥구역을 해제시켰다. 이제는 생산관리지역의 농지이고 개발이 가능한 땅이 됐다. 선배는 나에게 자문을 받아서 그 땅에 농사를 그만두고 개발행위허가 및 건축허가를 받아 다가구주택 4동 및 근린생활시설 1동을 신축했다. 다가구주택 3동은 매각하고 다가구주택 1동 및 근린상가는 임대중이다. 물론 다른 농지도 있어 농사를 계속하고 있지만, 노후대책으로 임대수입을 만들었다. 생산관리지역의 최선의 활용 방안이다.

계획관리지역의 활용 방안

계획관리지역은 비도시지역의 자연환경을 고려하면서 계획적인 토지 이용이 필요한 곳을 말한다. 비도시지역에서 개발부지를 매입하려는 투자자는 물론, 전원주택을 지으려는 소규모 실수요자들도 계획관리지역을 선호한다. 쓰임새가 가장 많고 투자 가치가 높기 때문이다. 실제로 보전관리나 생산관리지역보다 계획관리지역의 개발행위 범위가 훨씬 넓다. 계획관리지역에서 건축할 수 있는 건축물은 '국토의 계획 및 이용에 관한 법률 시행령' [별표 20]에서 규정하고 있다.

4층 이하의 주택이나 창고 등이 가능하고, 커피숍이나 사무실이 들어갈 수 있는 1종 및 2종 근린생활시설, 펜션 등이 가능하다. 지자체에 따라 모텔 등 숙박 시설도 가능하다. 건폐율 40% 및 용적률 100%인 점도 보전관리, 생산관리지역 및 농림지역의 20%, 80%인 점과 크게 비교된다. 결론적으로 계획관리지역은 개발 가능한 사업의 범위도 넓고, 건물을 크게 지을 수 있는 장점이 있어 투자의 매력이 큰 것이다. 특히 제조장이나 창고를 지어서 임대나 분양 사업을 계획한다면 계획관리지역을 적극적으로 추천한다.

농림지역

도시지역에 속하지 아니하는 농업진흥지역 또는 보전산지 등으로서 농림업을 진흥시키고 산림을 보전하는 데 필요한 지역이다. 농림지역 안에서 건축할 수 있는 건축물은 '국토의 계획 및 이용에 관한 법률 시행령' [별표 21]에 명시되어 있다. 특히 커피가공시설, 버섯재배시설, 콩나물공장, 새싹재배시설, 김치공장 등은 농림지역에서도 신축 가능하므로 저렴한 땅값을 활용해 한번 도전해볼 만하다.

자연환경보전지역

자연환경, 수자원, 해안, 생태계, 상수원 및 문화재의 보존과 수산자원의 보호·육성 등을 위해 필요한 지역이다. 자연환경보전지역 안에서 건축할 수 있는 건축물은 '국토의 계획 및 이용에 관한 법률 시행령' [별표 22]에 명시되어 있다. 자연환경보전지역 안에서 농어가(農漁家)의 단독주택 신축은 가능하지만, 일반적으로 토지 투자자의 토지 투자는 피하는 편이다. 자연환경보전지역으로 묶여 있다가 규제가 풀린다는 정보가 있다면, 토지 투자자에게 아주 훌륭한 정보가 될 것이다.

용도에 맞는 단지 조성은
토지의 가치를 상승시킨다

보전산지와 준보전산지의 비교

임야는 산지관리법상 보전산지 및 준보전산지로 분류된다. 보전산지는 다시 공익용산지와 임업용산지로 구분한다. 공익용산지는 재해방지, 자연보전, 보건증진 등의 공익적 기능을 위한 목적의 산지다. 임업용산지는 임업 생산기능의 증진을 위한 지역으로서 일종의 농림지역이다. 그 구분은 토지이용계획확인서에서 확인할 수 있다. 토지 투자자라면 보전산지는 피하고 볼 일이다.

준보전산지는 국토개발계획에 따라 도로, 택지, 공장이나 창고 등의 산업용지 등으로 공급될 수 있다. 보전관리, 생산관리, 계획관리지역 안의 산지는 대부분 준보전산지이며, 활용이 가능해 투자의 대상이 된다.

땅값이 저렴해 넓은 면적을 매입할 수 있고, 개발행위허가를 취득해 전원주택단지나 소형공장 단지로 분양, 공급할 수 있다.

산지를 개발하기 위해서는 가장 먼저 경사도를 점검해야 한다. 지자체별 기준은 다르지만, 평균 경사도가 개발행위허가의 핵심이라는 것을 명심해야 한다.

보전녹지, 보전관리지역에 전원주택단지를 조성하다

보전녹지지역은 도시지역이고, 보전관리지역은 비도시지역이다. 두 곳 다 4층 이하의 단독주택이 가능한 지역이다. 최근 전원주택을 선호하는 사람들이 늘어나고 있고, 특히 젊은 사람들이 아이들을 키우기에 좋아 단독주택을 선호하는 경향이 있다. 직장으로의 출퇴근이 가능한 지역에 본인이 원하는 형태의 단독주택을 지어서 이사한다. 동호인들끼리 어울려 전원주택단지를 형성하기도 한다.

직장까지의 출퇴근 거리가 1시간이면 땅값이 저렴한 곳을 고를 수 있다. 주로 도시지역의 보전녹지지역이나 비도시지역의 보전관리지역일 것이다. 전원주택단지를 개발하고 있는 곳들도 여럿 있어 마음에 드는 위치의 전원주택지를 분양받아 집을 지을 수도 있고, 농지를 사서 본인이 직접 개발할 수도 있다. 그 절차를 간략히 소개해본다.

먼저 본인의 사정을 고려해 지역을 선정해야 하고, 그 지역의 부동산 중개사무소를 방문해서 시세를 확인 후 토지를 구입한다. 최근에는 온라인으로 토지의 매물을 많이 접할 수 있으며, 본인에게 맞는 토지를 골라 현장을 충분히 점검한 후 계약을 한다. 물론 사전에 토목 및 건축 설계사무소를 방문해 건축 가능 여부를 확인해야 한다.

토지를 매입한 후 토목 및 건축설계사무소를 통해 개발행위 및 건축 허가를 받는다. 주택 신축공사를 본인이 직접 해볼 수도 있으나 경험이나 지식이 없으면 무모한 짓일 수도 있다. 신축공사는 공사업자에게 맡기고, 싱크대와 욕실, 전등이나 마감자재 등을 본인의 취향대로 골라 선택하면 그것이 새 집을 짓는 것이다.

살아가면서 집 지을 기회가 거의 없다고 하지만, 직접 해보면 어려운 일은 아니다. 만약 또 한다면, 두 번째부터는 자신감도 생기고 어려운 것이 아니라는 것을 알게 될 것이다.

생산녹지, 생산관리지역에서 빌라 단지를 형성하다

생산녹지지역은 도시지역이고, 생산관리지역은 비도시지역이다. 두 곳 다 4층 이하의 단독주택 및 공동주택(아파트 제외)이 가능한 지역이다. 물론 1종 및 2종 근린생활시설 일부, 판매시설, 의료시설, 창고 등의 신축도 가능하지만, 토지 투자자의 투자를 위주로 설명하고자 한다. 4층 이하의 공동주택이라면, 다세대주택을 신축해 분양할 수 있다. 다가구 주택은 단독주택에 해당하므로, 당연히 신축이 가능해 다세대 및 다가구주택을 섞어서 신축해 분양할 수도 있을 것이다.

　최근 수도권의 경우 아파트 시세가 너무 올라 서민들은 내 집 마련의 어려움을 겪고 있다. 정부의 주택공급 정책에 부합해 다세대주택이나 연립주택 등을 신축·공급하고, 다가구주택을 공급하면 훌륭한 투자가 될 것이다. 비교적 땅값이 저렴한 생산녹지지역이나 생산관리지역에서 가능한 일이다.

　토지 구입비 및 주택 신축공사비는 금융기관을 이용할 수 있다. 금융 기관의 PF나 주택 신축자금 대출을 상담하면 금융기관에서는 환영한 다. 안정적인 자금 운용을 할 수 있고, 신축공사 완료 후 분양자들에게 주택 담보 대출로 전환해 개인 고객을 늘릴 수도 있기 때문이다. 금융 기관의 PF는 전체 사업비 중 자기 자금을 20~30%는 준비해야 한다.

자연녹지지역에서 연립주택을 분양하다

　2012년에 평택의 송탄지역에서 연립주택 4동 32세대를 신축해 미 군들의 임대주택으로 분양한 적이 있다. 1월에 자연녹지지역의 농지 460평을 매입해 개발행위 및 건축허가를 신청했다. 진입로는 농로였 고, 사업부지 옆으로 농수로가 흐르고 있었다. 땅값이 시세보다 약간 저렴하고 내가 보유한 자금과도 적정했기에 그 땅을 선택하고 매입했 다. 그런데 허가과정이 제법 복잡했다. 농지였고 농수로가 흐르고 있었 으며, 길진 않았지만, 농로를 진입로로 이용해야 했다. 자연녹지지역이라 주차장 면적은 충분했다.

농로를 이용하고 농수로 위로 다리를 놓아야 할 때는 농어촌공사의 승낙이 필요했다. 농어촌공사로부터 '목적 외 사용승인'을 받아서 평택 시청 허가과에 제출해야 했다. 물론 어려운 일은 아니었지만, 평택 안중에 있는 농어촌공사 평택지사를 3~4회 방문해 약 2개월에 걸쳐서 '목적 외 사용승인'을 받았다. 농지전용을 포함한 개발행위허가와 건축허가가 동시에 진행됐다. 3월에 허가신청서를 접수했는데, 8월이 되어서야 허가서가 나왔다. 허가신청 후 약 5개월이 소요되어 허가를 받은 것이었다.

그런데 그때 마침 장마철이 시작되어 8월 한 달간 꼬박 우기가 이어졌다. 공사를 못 하고 있다가, 9월 초에 착공해 다음 해 2월 중순에 건물이 완공되어 준공검사를 받았다. 4층짜리 연립주택 4동을 신축하는 사업 기간이 너무 길었다. 은행의 건축자금 대출을 이용했는데 1년 이상의 이자를 부담했다. 물론 은행의 이자 부담은 크진 않았지만, 수익에서 그만큼 줄어든 것이다.

계획관리지역에서 공장용지를 공급하다

2014년에 화성시 남양읍의 임야 7,000평을 경매로 매입했다. 계획관리지역이었고, 토임이었으며 목장용지가 일부 포함되어 있었다. 토임이란 앞서 말했듯 '토지 임야'의 줄임 말로써, 산지 전용이 쉬워 투자 가치가 높은 임야다. 이 땅을 개발해 공장용지(500㎡ 이내의 제조장)로 분양·공급하기 위해 경매에 입찰해 낙찰받았다.

진입로 일부가 도로 폭이 문제가 되어 경매가 진행되는 동안 여러 차례 유찰되어 감정평가액의 50% 수준인 19억 원에 낙찰을 받은 것이다. 그래도 경매 잔금 대출은 낙찰금액의 80%인 15억 2,000만 원을 받을 수 있었고, 자기 자금 3억 8,000만 원으로 계획관리지역의 토임 7,000평을 매입했다. 개발행위허가를 진행하면서 진입로 문제를 생각 외로 수월하게 해결했다. 진입로를 다른 쪽 길을 이용해 허가를 받을 수 있었다. 도로부지 80평을 매입해 도로를 확장하고 포장하는 데 들어간 비용은 2억여 원이었다. 도시계획심의를 통해 개발행위허가를 받고, 토목공사를 진행하면서 공장용지로 분양하기 시작했는데, 토목공사가 끝나기 전에 공장용지 분양이 완료되어버렸다. 60평~100평의 소형 공장건물이 필요한 제조업체들의 수요가 생각보다 많았던 것이다.

노후를 대비한
농지연금용 농지 투자

농지연금의 특징과 장점

　농지연금은 경작하던 농지를 담보로 연금을 받는 제도다. 고령 농업인을 위한 복지제도로서 2011년에 도입되어 시행되고 있다. 도시에는 주택연금, 시골에는 농지연금이 있다. 한국농어촌공사에서 지원하고 있으며, 본인이 경작하던 소유농지를 담보로 매월 생활비를 연금으로 지급한다. 연금수혜자가 사망했을 경우 농지는 처분되며, 처분된 금액으로 그동안 받았던 연금과 이자를 상환하는 방식이다. 농지연금을 이용하는 가입자는 아직 많지 않다.

　농지연금의 장점은 첫째, 부부 종신 지급이 가능하다. 만약 농지연금을 받는 당사자가 사망했을 경우 배우자가 승계해 사망 시까지 계속 받을 수 있다. 단, 배우자가 60세 이상이고 연금승계를 신청했을 때 해당된다. 둘째, 해당 농지를 담보로 해 연금을 받으면서 직접 경작하거나 임대를 해 소득을 창출할 수 있다. 셋째, 재정지원에 대한 안정성이다. 농지연금은 정부 예산으로 지원하기 때문에 중간에 문제될 일이 전혀 없다. 넷째, 6억 원 이하의 농지는 재산세를 전액 감면 혜택을 받는다. 마지막으로, 농지연금을 받던 자가 사망했을 때 농지를 처분하는데, 이 때 지급된 연금액을 상환하고 남으면 상속인에게 돌려주고 만약 부족하더라도 상속인에게 더는 청구를 하지 않는다는 것이다.

농지연금은 농업인만 가능하다

농지연금은 농업인만 가입할 수 있다. 고령 농업인들을 위한 복지대책으로 시행되고 있기 때문이다. 농지연금의 가입조건은 첫째, 농지 소유자 본인이 만 65세 이상이어야 한다. 2022년부터 가입 연령을 만 60세 이상으로 완화할 계획이라고 한다. 둘째, 신청자 본인이 5년 이상 영농경력이 있어야 한다. 연금 신청일 현재 연속기간이 아니라 합산해 5년 이상이면 된다. 셋째, 담보로 제공되는 농지가 공부상 지목이 전, 답, 과수원이어야 한다.

농지의 조건은 첫째, 본인이 소유하며 영농에 이용되고 있어야 한다. 둘째, 2년 이상 보유하고 있는 경우이며, 상속받은 농지는 실제 피상속인이 보유하고 있는 기간을 말한다. 다시 말해서 상속받은 지 2년이 지나야 한다는 것이다. 셋째, 담보 농지로 제공되는 농지 소재지가 신청자로부터 30㎞ 이내에 있어야 한다. 넷째, 저당권 및 제한물권의 설정이 없어야 하고, 압류, 가압류, 가처분 등이 없어야 한다. 마지막으로, 불법건축물이 없어야 하고 공동소유가 아니어야 한다.

농지연금의 신청과 지급방식

농지연금의 신청은 농지은행 통합포털사이트(www.fbo.or.kr)에서 신청할 수 있다. 온라인 신청뿐만 아니라 농어촌공사 지사에 방문하거나 문의해 직접 신청할 수도 있다.

농지연금의 지급방식은 종신형과 기간형이 있다. 종신형은 생존 기간 동안 매월 받는 것인데, 매월 동일금액을 받는 정액종신형, 초기에 많이 받고 나중에는 금액이 줄어드는 전후후박형, 담보 농지 가격의 30% 이내에서 일시인출이 가능한 일시인출형이 있다. 기간형은 5년, 10년, 15년으로 정해진 기간에 매월 받는 것이다. 지급방식별 가입 가능한 연령 기준은 다음의 자료 3-1과 같다.

자료 3-1. 지급방식별 가입 연령

기간	5년형	10년형	15년형	종신형
가입 연령	78세 이상	73세 이상	68세 이상	65세 이상

자녀들의 부담을 덜어주는 노후생활 대비책, 농지연금

가까운 친구의 부모님이 전남 영광에서 평생 농사를 짓고 계신다. 연세도 많으시고, 자녀들은 모두 장성해서 도회지로 나갔고, 시골에서 노부모님 두 분만 살고 계신다. 형제들이 돈을 모아 매월 용돈을 드리기도 하지만, 차라리 농지연금을 이용해볼 것을 권유했다. 이런 제도가 있는지도 몰랐던 그 친구는 즉시 한국농어촌공사 영광지사로 전화를 걸어 자세한 상담을 하게 됐다. 그 후 시골로 내려가 부모님 명의로 농지연금을 신청하고, 매월 200여만 원의 연금이 부모님 통장으로 입금되고 있다고 한다. 그 후 형제들은 쪼들리는 생활비에 부모님께 용돈까지 드려야 했던 부담에서 벗어났고, 부모님은 매월 200만 원이나 되는 돈을 다 쓰지를 못하고 계신다고 한다. 시골에 계신 연세 많으신 분들한테 농지연금은 아주 유용한 제도인 것 같다.

경매를 통한 농지취득으로 농지연금을 신청하다

최근 시골의 농지가 경매로 많이 나오는 것을 볼 수 있다. 부모님들이 경작하시던 농지를 담보로 해 은행 대출금을 사용하다가 사정이 어려워져서 대출을 갚지 못하면 경매로 나오는 것이다. 하지만, 고령화사회로 이어지고, 시골에서 농사를 지으려는 사람들이 급격히 줄고 있다. 이제 농사를 짓기 위해 논밭을 사려는 사람은 없다. 농지가 경매로 나와도 수차례 유찰되어 감정가격의 50% 이하로 낙찰되는 것이 예삿 일이다. 물론 개발행위가 가능하고, 위치가 나쁘지 않은 농지들은 즉시 낙찰된다.

만약, 근처의 농업인이 감정가격의 50%로 낙찰을 받으면, 시세보다 그만큼 싸게 매입한 것이다. 매입 후 2년간 보유하면서 경작을 하다가 농지연금을 신청한다면 감정평가액을 기준으로 농지연금을 받을 수 있다. 감정가격이 2억 원이었다면 1억 원에 사서 2억 원 이상의 연금을 받을 수 있게 된다. 농지라도 논의 경우 5~6차까지도 유찰되는 때가 있으므로 감정가격의 20~30%에 낙찰을 받을 수도 있다. 이렇게 매입해서 농지연금을 신청하면, 70~80%의 투자 이익을 누릴 수 있게 되는 매우 훌륭한 농지 투자인 것이다.

농지은행이란

농지은행은 한국농어촌공사가 설립한 기관이다. 전국의 농지에 대해서 매입, 매도, 임대차 등의 사업을 하고 있다. 농업인이 아닌 자가 농지를 매입해 농지은행에 위탁하는 방식으로 농지 투자를 할 수 있다. 농지를 위탁하면 농지은행은 경작을 원하는 임차인에게 농지를 임대한다. 임차료의 5%를 위탁수수료로 받으며, 나머지는 농지주인에게 지급한다.

개인 간 농지임대차는 법적으로 제한하고 있다. 1996년 이전에 취득한 농지는 개인 간 임대차가 가능하지만, 그 이후에 취득한 농지는 반드시 농지은행에 위탁하게 되어 있다. 농지은행에 위탁하면 세제 혜택을 볼 수 있다. 재촌·자경으로 8년 이상 보유하면 양도소득세를 감면받을 수 있는데, 농지은행에 8년 이상 위탁하면 사업용 토지로 인정해 똑같은 혜택을 받는다.

농업 외 사업소득 합계가 3,700만 원 이상이면 자경으로 인정하지 않는다. 농업이 주 생계수단이 아니라고 보기 때문이다. 이 경우 농지은행을 이용하면 된다.

농지은행에 위탁하는 것은 매우 간단하다. 농지은행 통합포털사이트(www.fbp.or.kr)에서 온라인으로 신청하면 된다. 로그인 후 안내절차에 따라서 서류를 제출해 심사받고 승인을 받으면 되는 것이다.

임대료는 농지은행에서 정한 기본 시세가 있으며 본인이 정할 수도 있다. 임대 기간은 최소 5년 이상이고 재계약하는 경우 3년 이상으로 할 수 있다. 임대 기간 중간에 농지를 매각하는 경우 남은 임대 기간의 임대료 총액의 20%를 배상금으로 내야 한다.

목가적 전원생활을 즐기는 펜션 운영

펜션은 호텔이고 휴양지이며 주말 쉼터다

최근 국내 여행을 하는 사람들이 많이 늘어나고 있다. 콘도나 호텔을 많이 이용하지만, 그런 시설이 없는 지역이 많다. 펜션은 전국 어디서나 쉽게 접할 수 있는 숙박 시설이다. 가족이니 친구, 친척들끼리 여행하면서 편하게 쉴 수 있는 관광휴양 쉼터인 것이다.

주로 농촌이나 산촌, 어촌 등에서 어렵지 않게 운영할 수 있는 숙박시설이다. 최근 도시 생활을 버리고 귀촌해 전업으로 펜션을 운영하려는 사람들도 늘고 있다.

펜션은 크게 농어촌민박업시설과 일반 숙박업소 2가지로 나눌 수 있다. 일반 숙박업소는 흔히 모텔사업을 할 수 있는 허가라고 생각하면 된다. 일반 숙박업소 허가 기준은 용도지역의 제한인데, 상업지역이나 계획관리지역에 한정해서 허가가 나온다. 따라서 한적한 시골에서 계획하는 펜션은 농어촌민박업시설이다. '농어촌정비법' 제86조 및 '농어촌정비법 시행규칙' 별표 3에 농어촌민박사업자의 허가 기준이 명시되어 있다.

① 주택의 연면적이 230㎡ 이하일 것(주인 거주공간 포함)
② 객실마다 소화기 비치 및 단독 경보형 감지기 설치
③ 사업자가 전입신고 후 해당 주택에 거주할 것
④ 단, 2020년 5월 이후 민박업을 신규로 하려면 건물주의 경우 해당 지역 (시, 군, 구)에 6개월 이상 거주, 임차인의 경우 3년 이상 거주해야 한다.

관광농원으로 허가를 받아 펜션을 함께 운영하면서 관광펜션이라고 하기도 한다.

펜션은 경치가 좋아야 하고 주제가 있어야 한다

펜션은 경치 좋고 물 좋으며 공기 좋은 지역에 지어져야 한다. 누구나 좋은 장소에 있는 펜션을 선호한다. 물과 공기만 좋아서는 안 되고 분명한 주제가 있어야 한다. 남해나 통영의 섬처럼 바닷가라든가, 설악산이나 지리산 등의 조용하고 경치 좋은 산속이라면 주말에 휴식을 취하려는 사람들에게 사계절 인기가 있다. 또 입지여건 자체가 온천이나 레저활동, 휴양림 등의 특별한 주제가 있는 지역이면 사계절 펜션의 운영이 무난해진다.

물 좋고 공기 좋아서, 본인의 즐거운 전원생활에 더해, 펜션 운영으로 생활비를 벌어 볼 생각으로 적당한 시골의 한적한 곳에 펜션을 하겠다는 생각은 접어야 한다. 돈을 투자해서 펜션을 신축·운영하는데 손님이 없으면 많이 힘들고 괴로워진다. 사전에 충분한 정보와 지식을 갖추고 몇몇 펜션들을 방문해서 벤치마킹해야 한다. 입지여건 및 운영방식, 마케팅 요령 및 고객 응대 등을 배워야 한다. 전문적이지는 못하더라도 한번 방문했던 고객들이 다음에 또 들르고 싶다는 생각을 하게 될 때 펜션은 성공하는 것이다.

강원도 횡성군 갑천면 어답산 어귀의 리조트 펜션

2010년에 횡성군 갑천면의 어답산 기슭에 계획관리시역 준보선산지 임야 1,500평을 매입했다. 산기슭이라 땅값이 매우 쌌다. 바로 옆에 국유지가 900여 평이 접해 있었고, 위쪽에는 횡성온천이 들어서 있었다. 펜션단지를 만들어서 소형 리조트로 운영할 계획으로 저렴한 준보전산지를 매입했다. 개발행위 및 건축허가를 받고 토목공사를 했다.

11개 동의 건물에 객실 30실을 갖추고, 단지 입구에 근린생활시설 1동을 신축해 식당 및 컨벤션홀과 노래방을 만들었다. 관리동을 별도로 해 미니 편의점 및 컴퓨터 5대가 있는 미니 PC방, 그리고 안내데스크를 설치했다. 길이 15m의 수영장과 온천물을 이용한 히노키탕 시설도 만들었다. 각 객실 앞에 데크를 설치해 야외 숯불구이를 할 수 있게했고, 족구 및 배드민턴 등 스포츠를 즐길 수 있는 운동장도 만들었다. 하루 최대 150~200명까지 수용할 수 있는 시설이었다.

여름에는 약 50일 동안 객실이 만실이었다. 하지만 가을에는 객실이 50% 이하로 판매되고, 겨울과 봄에는 투숙객이 거의 없었다. 리조트 단지를 비워둘 수도 없고, 직원들을 상주시키며 유지, 관리해나가는 데 비용이 만만하지 않았다. 여름과 가을의 매출로 겨울과 봄의 비용을 메워야 하는 처지였다. 처음에는 지인들의 도움으로 기업체들의 워크숍, 단체 동호인들의 1박 2일 단합대회 등을 유치해 상당한 매출을 올렸으나, 시간이 흐를수록 매출이 줄어들고 비수기의 공백이 너무 컸다.

물 좋고 공기 좋은 강원도 횡성의 횡성댐과 어답산 어귀라 펜션 리조트가 성공할 것으로 착각한 것이었다. 특별한 주제가 없는 지역에서 사계절 펜션의 운영에 대한 방안도 마련하지 않고 무모한 투자를 했던 것은 큰 실수였다. 10억 원 이상의 자금이 투입되는 프로젝트에 대해 더욱 철저한 분석을 했어야 했고, 더욱 많은 벤치마킹을 했어야 했다. 사계절 운영에 대한 성공적 방안이 마련됐을 때 오픈했어야 옳았다.

16억 중국인들의 환상, 우리나라 겨울 눈 여행

횡성의 어답산 어귀에는 겨울에 기온이 영하 30도까지 내려간다. 눈이 오면 30㎝는 예사이고, 심한 경우 1미터씩 오는 예도 있다. 눈이 내리는 날은 강원도 전체가 바쁘다. 제설차가 쉬지 않고 달려야 하고, 염화칼슘을 밤새 뿌려댄다. 하지만 펜션단지 앞길이나 단지 내의 도로는 우리가 직접 제설작업을 해야 했다. 전 직원이 밤새 작업을 해야 하고, 염화칼슘을 살포해야 했다. 겨울이라 펜션에는 손님이 전혀 없었다. 그래도 펜션의 동파 위험 때문에 단지 전체에 보일러를 돌려야 하고, 직원들이 상주하면서 관리해야 했다.

펜션 투숙객이 전혀 없는 한겨울에, 모 여행사와 협력해 중국인 관광객들을 맞이했다. 중국 남방의 더운 지방에서 우리나라 겨울의 눈 구경을 하러 오는 관광객들이었다. 이천에 들러 비닐하우스의 겨울 딸기를 맛보고, 우리 펜션에서 식사와 숙박을 한 뒤 평창 스키장으로 가는 일정이었다. 중국인 관광객들이 일주일에 2~3회 들르는데 각 팀당 80~120명씩이었다. 주로 가족 단위 관광객들이었는데 2명 가족, 4명 가족, 많으면 6명 가족이 한 팀이 되어 겨울 눈 여행을 온 것이었다.

매출이 전혀 없는 한겨울에 천우신조라고 생각했다. 하루 80~120명이 와서 숙박하고, 저녁 식사와 아침 식사까지 하니 관광객이 오는 날은 매출이 성수기 수준까지 올랐다. 나를 비롯해 직원들은 신이 났고, 그 중국인 관광객들이 그렇게 고마울 수가 없었다. 그분들 덕분에 그해

겨울은 제법 따뜻하게 보낼 수 있었다.

전원생활을 즐기기 위한 펜션 운영

도시 생활에 염증을 느낀 젊은 사람들이 귀농·귀촌하는 경우가 허다하다. 20대의 젊은 부부도 있고 30~40대 부부도 있다. 자녀들의 교육은 현지의 초등학교에 보낸다. 시골생활을 즐기면서 산 교육과 함께 훌륭한 육아를 하는 것이다. 이런 분들이 펜션사업에 투자해서 수입원으로 펜션을 운영한다. 저렴한 토지를 매수해 펜션과 거주할 집을 지어서 전원생활과 펜션 운영을 함께 하는 것이다.

하지만 이런 계획을 세운 분들도 신중해야 한다. 너무 단순하고 쉽게 판단을 하지 말고, 정보수집과 벤치마킹을 철저하게 하시기 바란다. 사례에서 봤듯이, 일종의 토지 투자라고 생각하고 발품을 팔아야 한다. 주변의 자문을 참고는 하되 판단과 결정은 본인이 해야 한다. 땅값이 조금 더 비싸더라도 경치 좋고 전망 좋은 곳이 좋다. 미래의 투자 가치를 생각해야 한다. 그렇게 해서 펜션의 운영에 도움이 될 만한 주제 있는 지역을 선정해 성공하시기 바란다.

펜션을 노후생활의 안식처로 만들어볼까?

펜션을 운영하면서 노후생활을 하는 이들도 있다. 정년퇴임이나 직장 생활을 마치고, 전원생활을 하고자 하는 사람들이 늘고 있다. 전원생활을 즐기면서 수입원으로 부부가 펜션을 운영하고자 하는 사람들이다.

전원주택과 함께 펜션 객실 3~4개를 신축해 부부가 운영하면서 전원생활을 한다. 펜션 손님은 거의 주말에만 있으니까 주중에는 부부가 전원생활을 즐기며 지낸다. 텃밭도 가꾸고 야산으로 다니며, 산의 약초와 산나물 등을 채취하며 인생을 즐긴다.

주말의 펜션 운영은 객실당 10~15만 원을 받는다. 방이 4개면 매주 40~50만 원의 수입이 생긴다. 한 달이면 200여만 원의 수입이 되고, 일부 연금에다 그 돈이면 부부가 전원에서 생활하기에는 충분하리라 생각한다. 물론 돈이란 쓰기 나름이지만 말이다.

이런 생활을 계획할 때도 역시 발품을 팔아서 정보수집도 하고 벤치마킹도 해야 한다. 비록 노후생활이지만 이것 또한 토지 투자이기 때문에 미래의 투자 가치를 고려할 필요가 있다. 펜션 운영이 잘될 만한 지역을 골라서 행복한 노후를 보내시길 바란다.

토지 개발 후 건물을
신축해서 팔아야 이익 극대화

임야를 공매로 매입해 전원주택부지로 분양하다

2016년 화성시 마도면에서 생산관리지역 임야 800평을 공매로 낙찰받았다. 주변에 공장들이 제법 들어서 있었지만, 기존 마을이 있는 지역이라 전원주택부지로 조성해 분양하면 될 것 같았다. 마을과 멀지 않은 곳이라 먼저 마을의 이장님을 찾아가 인사를 드렸다. 이장님은 연세가 70세이셨고, 호탕해 함께 막걸리도 자주 마시며 친분을 쌓았다. 그동안 나는 800평에 대한 개발행위허가를 진행하고 있었고, 토목설계사무소에서는 계속된 협의를 통해 생각 외로 수월하게 개발행위허가를 받았다. 그동안 이장님께 자문도 구하고 전원주택을 지을 계획도 말씀드리면서 마을의 대소사에 함께 참석도 하곤 했다.

그런데 개발행위허가증을 받고서 토목공사를 시작하려고 장비들이 현장에 들어서는데 갑자기 이장님이 오셨다. "노 사장, 나랑 이야기 좀 하세" 하시길래, "예, 무슨 일이세요?" 하고 갔더니, "사전에 마을과 협의도 없이 공사하면 어떡해?"라는 것이었다. "이미 이장님께 다 말씀드렸고, 이장님께서도 내용을 훤히 알고 계신 것 아닙니까?" 했더니, "마을에 공식적으로 통보하고 마을발전기금을 내놓고 공사를 해야 한다"라는 말씀이었다. "하하하, 이미 준비하고 있습니다"라고 말씀드리고 금액 등 몇 가지를 협의했다. 그제야 이장님은 얼굴이 환해지시면서 오히려 "막걸리로 고사를 지내고 공사해야 한다"라고 하시며 막걸리를 사다 주셨다. 토목공사 후 6개 필지 중의 2필지를 그 이장님의 소개로 분양을 했다.

임야를 경매로 낙찰받아 공장용지로 분양하다

2014년 2월 초, 화성시 양감면 사창리의 KTX 철로에 가까운 임야를 경매로 낙찰받았다. 계획관리 및 생산관리지역이 함께 있는 토임 1,300평이었다. 그 지역은 우사 및 양계장 등의 축사가 많은 지역이었고, 진입도로 사정이 썩 좋은 지역이 아니었다. 그래서 투자자들이 약간 망설이고 있을 때 2차에서 바로 입찰을 해버렸다. 괜찮은 땅이다 싶어서, 3차까지 기다리지 않고 2차에서 조금 더 비싸더라도 입찰을 한 것이다. 매우 현명한 판단이었다.

경매 입찰 중 3차까지 기다렸다가 비싸게 입찰하는 것보다, 아무도 입찰하지 않는 2차에서 최저금액으로 입찰하는 것이 더 싸게 매입할 수 있는 방법이다.

계획관리지역이 500평 정도이고, 생산관리지역이 800평이었다. 계획관리지역에는 제조장으로, 생산관리지역에는 창고부지로 개발행위 허가를 받을 수 있었다. 토목공사를 통해 계획관리지역은 200평, 300평으로 나누어 분양하고, 생산관리지역은 500평, 300평으로 나누어 어렵지 않게 분양할 수 있었다. 재미있는 토지 투자였다.

은행에서 중소기업들에 공장 신축자금을 지원하다

화성시에 있는 금융기관 직원들은 건설사 직원들처럼 공장 신축공사 관련 공사비용을 훤히 파악하고 있다. 100평 공장에 H빔이 몇 톤이나 들어가고 샌드위치패널이 얼마나 들어가는지 알고 있다. 지붕에는 몇 mm가 들어가고, 벽체는 몇 mm가 필요한지 등 훤히 알고 있고, 그 견적금액까지도 훤하다. 그만큼 공장 신축공사에 필요한 시설자금 대출을 많이 취급했다는 이야기일 것이다. 중소제조업체들의 자가공장 신축 시 부지 매입자금부터 공장 신축공사비까지 은행에서 대출로 지원해주고 있다. 토지 구입비 및 신축공사비의 80% 정도를 대출금으로 지원한다.

중소기업체의 신용평가 점수에 따라서 약간의 차이는 있을 수 있으나, 은행에서는 정부의 시책에 의해 중소기업 지원 활동이 매우 활발하다. 중소제조업체들은 매월 비싼 임대료를 부담하지 말고, 은행의 대출금을 이용해 자가공장을 갖는 것이 현명할 것이다. 임대료보다 은행의 대출금에 대한 이자가 훨씬 저렴해 비용을 많이 절감한다. 또 자가공장을 소유하고 있으면 내 공장에 대한 자부심도 커질 것이고, 향후 지가 상승 및 공장 매매가격 상승 등 미래의 투자 가치도 상승하는 것이다.

뒤늦게 깨달은 공장건물 신축 후 공장으로 매각

토지를 매입해 개발행위허가를 취득 후, 토목공사를 통해 공장용지로 분양하는 사업을 수년간 해오고 있었다. 각종 세금을 부담하고 비업무용 토지 매각에 따른 양도소득세를 추가로 10% 더 부담했다. 국가에 낸 세금이 매년 수억 원씩이었다. 물론 많이 벌어 많이 내면 국가의 큰 애국자가 되는 것이다. 사업을 하는 사람이라면 누구나 탈세를 하면 안 되겠지만 절세의 길이 있다면 그 길로 가야 한다.

토지 투자의 경우도 마찬가지다. 토지를 개발해 공장용지로 분양하면 취득세, 농지(산지)전용분담금, 개발부담금, 양도소득세 등 여러 가지 세금들을 부담해야 한다. 그중 양도소득세의 경우 비업무용 토지로 분류해 10%의 가산세를 부담해야 한다. 공장건물을 신축해 매각하면 공장 신축공사비는 비용으로 인정을 받고, 토지는 업무용으로 분류되어 10%의 세금을 절세할 수 있다. 물론 공장건물 신축공사비를 부담해야 하고, 그만큼의 자금 여력이 있을 때 이야기다.

경매로 나온 공장을 낙찰받아 리모델링해서 매매하다

공장이 많은 지역에서는 공장건물이 경매에 나오는 것을 자주 볼 수 있다. 오래된 건물도 있지만, 신축한 지 얼마 되지 않은 것도 경매로 나온다. 오래된 건물은 땅값보다 낮은 수준에서 낙찰되고 있다. 낡고 오래된 공장을 땅값 이하로 낙찰받아 건물을 보수하고, 약간의 리모델링을 거치면 건물값을 포함해 정상 매매로 매각할 수 있다. 공장의 규모에 따라 가격이 달라지겠지만 어느 정도 규모가 있는 공장이라면 그 가격이 높을 것이고, 수익성이 매우 좋을 것이다.

화성에서 사출 공장을 하는 지인이 몇 년 전 공장건물을 경매로 낙찰받았다. 그 공장을 인수해서 건물을 보수하고 리모델링을 할 때 도와준 적이 있다. 그 전 사용자가 이전하면서 유리창 및 문손잡이 등을 파손하고 패널 벽체를 지게차로 뚫어놓은 곳도 있었다. 하지만 벽체의 기둥인 H빔 등은 아무 손상이 없었다. 얼마나 속이 상하고 화가 났으면 그랬을까 하고 생각하면서 보수공사를 며칠 동안 했다. 공사가 끝나고 보니 아주 훌륭한 공장이 되어 있었다. 물론 경매로 날리게 된 전 소유자는 속이 상하고 아팠겠지만, 새로 자기 공장을 장만한 지인은 매우 만족하고 싱글벙글했다.

개발업자에게는 은행의 시설자금 대출이 불가하다

토지 투자를 통해 전원주택부지나 공장용지를 개발해 공급하는 사람은 개발업자다. 부동산 개발업이 부가율이 높고 수익성이 뛰어나지만, 은행의 도움은 받기가 쉽지 않다. 은행들은 부자를 좋아하고 돈 잘 버는 기업을 선호하지만, 건설업이나 부동산 개발업 등은 유동성에 대한 위험성이 크다고 판단하기 때문에 자금 지원을 꺼리는 편이다. 돈을 벌 때는 크게 벌지만, 사업이 잘 안 될 때는 한꺼번에 위험해질 수 있다고 보기 때문이다.

정부의 정책상 제조업체들에 대한 지원은 매우 적극적인 데 반해 건설업이나 부동산 개발업에 대한 지원은 미미하다. 담보비율에 맞춘 부동산 담보 대출만 가능하다. 따라서 부동산 개발업을 하기 위해서는 자기 자금 비율을 최대한 높여야 한다. 은행의 대출은 한계가 있으므로 항상 자기 자금을 여유 있게 준비하고 있어야 한다.

공장용지로 매각하는 것보다는 공장건물을 신축해 매가하는 게 질세도 할 수 있고, 수익성을 높이는 길이다. 하지만 제조업체들에는 신축자금 대출을 해주지만, 부동산 개발업자들에게는 신축자금 대출을 해주지 않는다. 업종이 제조업인 사업자이면 가능하다.

땅에다 건물을 신축해서 팔면 수익성도 좋고
세금을 절세한다

토지 투자를 하는 사람들은 누구나 한 번쯤 경험했을 것이다. 원형지를 보유하고 있다가 파는 것이나, 부지를 개발해서 주택지나 공장용지로 파는 것보다, 건물을 지어서 토지·건물을 한꺼번에 파는 것이 훨씬 수익성이 높다는 것은 다 아는 사실이다. 건물을 지어서 팔면 토지와 건물값을 각각 책정하는 것이 아니라, 건축의 가치를 더해서 시세가 책정되기 때문이다.

거기에다, 건축비용을 인정받고 업무용 토지로도 인정받아 세금을 절세할 수 있어서 그만큼 더 이익이 추가된다. 물론 건축비를 부담할 수 있을 때 말이다.

자금의 여유가 있다면 반드시 건물을 지어서 매각할 것을 권한다. 만약 토지 분양의 경우라면, 입주자한테 건축비의 원가를 부담시키고 건물을 지어주는 조건으로 매각하는 방법을 택하면 될 것이다.

토지 투자의 고수들은
수익을 극대화한다

고수들은 땅의 시세를 먼저 파악한다

토지 투자를 할 때 대상 토지의 정확한 시세를 알고 있어야 한다. 시세를 모르면서 투자를 한다는 것은 말이 안 된다. 정확한 시세를 어떻게 파악해야 할까?

첫째, 국토교통부 실거래가 공개시스템(rt.molit.go.kr)에서 확인해볼 수 있다. 조회하면 거래면적(m^2) 및 거래금액(만 원)이 나오는데, 면적 단위당 거래금액을 환산하면 대략적인 가격을 알 수 있다. 아직도 허위신고가 많아 너무 믿지는 말고 참고만 하기 바란다.

둘째, 부동산 중개사무소를 통해서 시세를 확인해보는 것이다. 될 수 있는 대로 여러 곳의 중개사무소를 방문해 충분한 대화를 해봐야 한다.

주변의 경매가 진행되는 토지가 있다면 그것에 대해 직접 문의를 해본다. 그러면 대상이 분명하므로 구체적인 대화를 할 수 있다. 또 중개사무소에 들러서 매수자의 입장이 되어 구체적인 조건들을 제시해본다. 여러 가지 매물과 전반적인 분위기 및 시세를 확인해볼 수 있다.

고수들은 마을 사람들과 쉽게 친해진다

토지를 매입해 개발하는 토지 투자를 하고자 하면 그 주변의 마을 사람들과 친해져야 한다. 가장 먼저 마을의 이장님을 찾아가면 많은 도움을 받을 수 있다. 허풍을 떨거나 거짓말을 해서는 안 된다. 투자 관련 사실을 말씀드리고 정중하게 도움을 청하면 도와주지 않겠다는 사람은 아무도 없다. 경우에 벗어나게 한다든가, 예의 없이 거들먹거리는 인상을 준다면 아무도 좋아하지 않을 것이다.

특히 경매나 공매의 경우 지역 주민들에게 도움받을 일이 상당히 많이 있다. 경매나 공매의 대상 토지를 낙찰받았다고 하면, 일단 약간은 부정적인 시각으로 바라볼 것이다. 아직은 경매를 바라보는 시각이 보수적일 수 있다. 하지만 친근감을 가지고 대화하다 보면 어느새 친해진다. 필요하면 동네 어르신들과 막걸리도 한잔하면서 이런저런 대화를 하다 보면 금방 친해질 수 있다. 그리고 자주 만나야 한다. 수시로 시간될 때 찾아뵙고 인사를 드리면 싫어하실 어르신들은 아무도 없다.

고수들은 개발이익을 만들어낸다

토지 투자를 하는 사람이라면 누구나 수익을 내려고 한다. 따라서 토지 투자를 하기 전에 어떻게 개발할 것이며 개발 후의 이익은 얼마나될지, 수익성을 반드시 산출해보게 된다. 그 이익이 생각 외로 적으면투자는 이루어지지 않을 것이고, 그 이익이 만족스러워야 투자가 이루어진다. 투자는 수익성이다. 본인을 위한 이익을 만들어내야 한다.

맹지에 투자해서 도로를 만들어 수익을 낼 수도 있고, 땅을 성토나절토를 해서 수익을 만들 수도 있다. 투자와 개발 후의 토지 가치가 얼마나 늘어날 것인가를 구체적으로 산출해본 후 투자를 결정해야 한다.형질변경 등 개발행위를 통해 토지의 가치를 상승시키기도 하고, 건물을 지어서 그 가치를 높이기도 한다. 토지의 가치를 높여서 수익을 만들어내는 방법은 여러 가지가 있다. 토지 투자에 있어서 가장 우선시되는 것은 어떤 토지를 매입하느냐인 것이다. 개발이 쉬운 땅을 싸게 매입하는 것이 수익을 내기에 가장 쉽다. 따라서 경매와 공매를 동해 매입하고 급매물 등을 찾게 되는 것이다.

고수들은 사업수익을 분석하고 따진다

도심에 있는 부동산의 경우 수익이 얼마냐에 따라서 그 부동산의 가격이 정해진다. 지하철역 앞 상가의 경우 매월 임대료가 얼마냐에 따라서 그 상가의 매매가격이 정해질 것이다. 주택도 마찬가지고, 모든 부동산의 가치가 그렇게 만들어진다.

시골의 주택도 마찬가지다. 농가주택 자체만의 가치는 낮을 수 있다. 하지만 그 주택을 펜션이나 민박으로 운용한다면 수익이 생길 것이다. 거기에서 나오는 수익이 얼마냐에 따라서 그 농가주택의 가치가 올라갈 수 있다.

토지 투자에서 단순히 시세차익만 노리는 투자는 매우 소극적인 투자다. 토지를 매입해서 개발행위를 통해 가치를 상승시킨 뒤 매각해 수익을 만들어내는 것이 적극적인 투자다. 적극적인 투자를 하기 위해서 우리가 지금까지 공부하고 연구하는 것이다. 지식을 갖추고 경험을 쌓으면 누구나 투자의 고수가 될 수 있다. 발품을 팔고 부지런히 다니다 보면 땅을 보는 안목이 생기고, 개발행위의 방향과 요령이 만들어지는 것이다.

고수들은 중과세하는 비사업용 토지를 피한다

사업용 토지에 비해 비사업용 토지는 10% 중과세를 한다. 토지를 구입해 토목공사만 해 부지로 매각할 경우 비사업용 토지가 된다. 농지를 매입해 직선거리 30km 이내에 거주하면서 1/2 이상 자신의 노동력으로 경작해야 사업용 토지로 인정받을 수 있다. 점점 갈수록 비사업용 토지로 토지 투자를 하기는 어려워지고 있다. 따라서 사업용 토지로 전환해야 한다. 토지를 개발해서 건물을 신축해 매각하는 과정을 거쳐야 한다.

토지 투자자는 정부의 양도소득세 정책에 대해서 항상 관심을 두어야 한다. 자주 바뀌기 때문이다. 또 그것은 수익성과 직결되기 때문에 변경내용을 바로 알아야 한다. 불과 몇 달 전에도 2021년 대비 2022년부터 양도세를 대폭 인상하겠다고 했다가 정부계획을 수정해 없었던 일로 만들었다. 조만간 그렇게 갈 수 있다는 것이고, 만약 그렇게 간다면 비사업용 토지의 투자는 어려워질 것으로 예상한다.

고수들은 수익을 극대화한다

누구나 투자자라면 수익을 극대화하고자 한다. 부동산 투자뿐만 아니라 주식 투자든, 비트코인 투자든 본인의 자산을 최대한 늘리고 싶어 하는 것이다. 그 방법을 만들어내고 유지하는 것이 투자의 고수다. 누군가에게 의존하고 지인의 정부를 이용해서 투지하고자 하는 사람은 하수다. 경험이 부족하고 지식이 없다 보니 부동산 중개사무소의 추천만으로 투자하게 된다. 본인 스스로 노력해서 지식을 만들어야 하고 경험을 쌓아야 한다.

투자자는 자신의 원칙과 기준이 있어야 하고 목표가 있어야 한다. 무엇을 익혀야 하고, 어떤 리스크를 피해야 하는지 스스로 터득해야 한다. 끊임없이 공부하고 철저히 분석하는 능력을 키워서 발품을 열심히 팔아야 하수에서 고수로 발전할 수 있다. 고수는 수익을 극대화한다. 토지 투자에서 싸게 사서 비싸게 팔면 그 수익은 극대화될 것이다. 그 방법을 익히는 것이 초보자들이 할 일이다.

고수들은 시간적 투자와 경험으로 만들어진다

모든 방면에서 고수들이 하루아침에 만들어진 예는 없다. 토지 투자의 고수들도 마찬가지다. 오히려 더 많은 시간적 투자와 경험으로 고수의 대열에 올라선 것이다. 사시사철 비가 오나 눈이 오나 현장으로 쫓아다니고, 전국을 누비면서 임장을 다녀 만들어진 경험으로 투자의 고수가 됐다. 피나는 노력으로 지식을 얻었으며, 오랫동안의 경험이 쌓이고 쌓여 노하우가 만들어졌고, 그 고귀한 경험은 누구에게도 줄 수 없는 것이다.

입문단계에 있는 사람들은 지금부터 배우면 된다. 토지 투자의 초보인 사람들은 경험 많은 고수들한테 배우면 된다. 스스로 지식을 배우고 익히면서 정보를 수집하고, 경험자들의 노하우를 요령껏 배워서 하나씩 실행에 옮기다 보면, 어느새 본인도 고수의 단계에 올라서게 된다. 어려워하지 말고 부딪쳐 보자. 일단 저질러 보자. 저질러서 하나씩 해결해가다 보면 어느새 본인도 경험 많은 고수가 되어 있을 것이다.

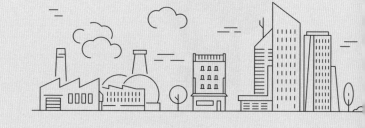

제 4 장

땅을 분할해서 소규모 주택, 소규모 공장을 지어보자

주말용 세컨 하우스는
소규모가 적합하다

30~40대의 주말 전원용 세컨 하우스

최근 젊은 층에서 평일에는 도시에서 직장생활을 하고, 자녀들을 학교에 보내다가 주말에는 가족들과 함께 행복한 시간을 즐길 수 있는 주말 전원용 주택에 많은 관심을 두고 있다. 경제적 여유가 생기면서 전원용 세컨 하우스의 수요가 폭발적으로 증가하고 있다. 과거에는 여유 있는 사람들이 별장 용도로 사서 부의 과시용으로 이용했고, 시세차익을 노리는 사람들은 투자 성격의 세컨 하우스를 구입했다. 하지만 이제는 쾌적한 전원에서 휴식을 원하는 실수요자 위주의 주말용 세컨 하우스로 변하고 있다.

30~40대 젊은 사람들이 소형 세컨 하우스를 많이 찾는다. 삶의 여

유로 인해 자녀들에게 좋은 환경을 제공하고 싶고, 시골에서 산 교육을 시키고 싶은 부모들의 바람이다. 우리 아이들에게는 더없이 좋은 현상이고, 미래의 꿈나무들에 대한 희망적인 투자인 셈이다. 도심에서 벗어나 자녀들과 함께 여유를 찾고, 휴식하려는 젊은 사람들이 늘어나고 있다. 이렇게 실수요자 위주의 수요가 늘면서 세컨 하우스의 규모, 가격 및 조망, 주변 환경 등의 입지조건이 중요한 요인이 되고 있다.

장·노년층의 전원용 세컨 하우스

장·노년층에게는 넓은 전원용 주택은 오히려 부담스럽다. 세컨 하우스가 크면 관리가 쉽지 않고 힘들며, 외로운 느낌을 주기도 한다. 노년에 여유가 있어서 세컨 하우스를 소유하며 전원생활을 즐기고자 하는데, 힘들고 부담이 되어서는 안 된다. 일주일의 반은 지금까지 살아온 도시의 집에서 보내고, 나머지 반은 경치 좋은 전원의 세컨 하우스에서 즐기고자 한다. 규모와 가격 면에서도 부담이 되지 않는 범위 내의 소형 세컨 하우스여야 한다.

주말이면 자녀들과 함께 전원에서 보낼 수도 있다. 자녀들이 모두 출가한 경우, 다 모였을 때 소형 전원주택이 좁을 수도 있을 것이다. 이럴 때는 주변의 펜션이나 콘도가 있으면 그것을 이용한다거나, 텐트를 준비해 캠핑을 해보는 것도 행복한 시간이 될 수 있다. 얼마든지 방법을 만들면 되고, 해결책을 찾으면 된다. 가끔 있는 주말 가족 모임 때문에 노후의 세컨 하우스를 굳이 크게 준비할 필요가 없다.

세컨 하우스는 단층 소형주택과 텃밭을 원한다

주 5일 근무 및 소득의 증가로 인해 30~40대들은 세컨 하우스를 많이 찾고 있는데, 금전적 부담이 가지 않는 1~2억 원 이하의 소형주택을 원하고 있다. 향후 매매를 고려해도 손쉬운 소형주택이 부담이 덜하다는 것이다. 소형의 전원주택은 얼마든지 만들 수 있고 쉽게 구할 수 있다. 본인이 토지를 구매해 주택을 직접 신축할 경우 단층의 소형주택을 신축하면 비용도 많이 절감할 수 있다.

또 소형의 전원주택을 다양하고 개성적으로 신축하면서, 적당한 규모의 텃밭을 준비하는 경우가 많다. 자녀들이 직접 경작에 참여할 수도 있고, 농작물이 자라는 모습을 지켜보면서 관찰을 통해 배울 수도 있다. 고구마를 심어서 직접 수확을 해보고, 가을에 과실이 익어가는 모습은 자녀들의 정서에 많은 도움이 될 것이다. 농사나 농촌의 생활에 대한 실질적인 산 교육이다.

세컨 하우스는 퍼스트 하우스와 1시간 30분 이내의 거리가 적당하다

세컨 하우스는 주말이나 휴일마다 또는 가고 싶을 때 언제든지 가서 휴식을 취하는 곳이다. 저녁에 가서 쉬면서 하룻밤 자고, 아침에 직장으로 출근할 수 있어야 한다. 직장에서 1~2시간 이내의 거리에 위치하는 것이 가장 좋을 것이다. 더 가까운 곳에서 휴식을 취할 수 있으면 좋겠지만, 경치와 입지가 좋은 곳이면 땅값이 비싸다. 또 너무 멀고 다니기 불편하면 자주 이용하지 못해 방문 횟수가 줄어들어 세컨 하우스의 개념이 흐려진다. 자주 이용할 수 없으면 집을 점점 방치하게 된다.

주변에 스키장이나 골프장, 유명 관광지, 유원지 등 즐길 만한 곳이 있으면 금상첨화다. 가족들이 다 함께 즐길 거리가 있는 곳이라면 더욱 활용성이 높아진다. 가족·친지들이나 친한 지인들끼리의 모임도 자주하게 된다. 이런 관점에서 본다면 서울을 기준으로 볼 때 수도권과 가까운 곳이 가장 좋다. 남한강·북한강을 끼고 있는 가평, 양평도 좋고, 서울에서 1시간 거리인 김포, 강화와 용인, 이천, 여주, 안성, 광주, 남양주 등도 좋다. 서울과 가까운 화성은 수도권이면서 바다를 끼고 있어 세컨 하우스 지역으로 추천할 만하다.

소규모 이동식 전원주택으로 컨테이너 하우스나 글램핑을 이용한다

최근 컨테이너 하우스가 유행하고 있다. 비용이 저렴하고 시공하기가 간편해 컨테이너를 이용해 외벽과 지붕을 튼튼히 하고, 실내를 주거용으로 꾸며 소형 전원주택으로 사용한다. 전기, 수도, 정화조 및 단열과 방수를 철저히 해서 생활하는 데 전혀 지장이 없도록 만들어지고 있다. 6평 농막이나 9평 정도의 복층형으로 만들면, 시공비는 대략 평당 200만 원 내외로 소요되는 듯하다. 물론 어떻게 꾸미느냐에 따라 비용은 차이가 있을 수 있으나 일반적으로 1,200~1,500만 원 정도의 비용이면 컨테이너 하우스가 완성된다.

'글램핑(Glamping)'은 '화려하다(Glamorous)'와 '캠핑(Camping)'을 혼합해 만들어진 신조어다. 캠핑 장비를 준비하지 않고 야외로 가서, 각종 캠핑 장비 및 숙식을 할 수 있도록 설치된 시설을 이용해 캠핑을 즐기는 것을 글램핑이라고 한다. 최근 호텔 및 리조트업체들도 글램핑 패키지를 선보이고 있고, 지역별로 많은 글램핑장을 볼 수 있다.

TV나 에어컨까지 설치한 글램핑 시설을 주말용 세컨 하우스로 이용하는 사람들이 늘고 있다. 경치 좋은 곳에 조그만 땅을 사서 세컨 하우스 전원주택용으로 글램핑 시설을 설치해 이용하는 것이다. 비용도 적게 들고 시공도 간편해 자녀들이 어린 젊은 가족들은 많이 이용하고 있다.

주말용 '효도별장' 세컨 하우스

도시에서 부모님과 함께 사는 가족들이 이용하는 방식이다. 주중에는 서울에서 생활하고, 주말에는 부모님과 함께 세컨 하우스로 가서 전원생활을 즐기는 것이다. 요즘 젊은 사람들이 과연 얼마나 그렇게 살겠나 싶겠지만, 의외로 부모님을 모시고 함께 살고자 하는 사람들이 늘어나고 있다. 오히려 부모들이 불편해한다. 바람직하고 건강한 사회적 현상이다.

세컨 하우스를 마련해 부모님만 전원생활을 하고 계신 경우도 있다. 주중에는 각각 떨어져 지내면서 도시에서 직장생활하고, 주말에 부모님이 계신 전원주택으로 가서 부모님과 함께 주말을 보내고 오는 것이다. 부모님은 공기 좋고, 경치 좋은 전원에서 텃밭을 일구며 생활하시다가, 주말이면 온 가족이 다 함께 모여 화목한 생활을 한다. 자녀로서는 주말용 '효도별장' 세컨 하우스의 개념이다. 효도별장 세컨 하우스는 평생 도시 생활로 찌들었던 노부모님에게 휴식과 휴양을 즐기게 해드리면서, 주말은 함께 전원생활을 하는 것이다.

부모님께서 시골에서 농사를 짓고 계신 경우, 주말에 내려가 농사일을 도와드리는 것과는 사뭇 다르다. 평생 농사를 지으신 부모님께 주말에 가서 일손을 덜어 드리는 것은 효도이면서 자식 된 도리를 다하는 것이다. 40~50대 이상 세대들은 거의 그러한 생활들을 거치며 살아왔을 것이다. 물론 부모님을 즐겁게 해 드리고 효도하고자 하는 것은 다

똑같을 수 있다. 여기서 말하는 것은 생활의 형태를 말하는 것이다. 어떤 형태든, 연세 드신 부모님께 효도하고 항상 즐겁게 해 드리면서 옆에서 지켜드려야 하는 것은 아름다운 우리의 미풍양속이다.

직장인들은 소형의
세컨 하우스 휴식을 즐긴다

세컨 하우스용 전원주택이 뜨고 있다

주 5일 근무 확대 등의 여파로 자연과 함께 여유를 즐기고픈 전원생활 수요층이 급격히 늘어나면서 세컨 하우스에 관한 관심이 커지고 있다. 사람들은 주중에는 도시에서 직장생활하고, 주말에는 전원형 세컨 하우스에서 가족들과 화목한 시간을 보내고 싶어 한다. 4~5일은 도시에서, 2~3일은 전원에서 생활하려는 사람들이 늘면서 전원형 세컨 하우스의 수요가 늘고 있다.

예전에 산속 별장은 일반인들에게는 꿈이었고, 극소수 최상류층들에게는 부의 과시용이었다. 지금 우리나라는 소득이 높아지고 국민의 의식 수준이 상승해 세컨 하우스 마련이 하나의 트렌드로 자리 잡고 있다. 시골에 있는 제2의 주택을 전원의 세컨 하우스라 하고, 텃밭을 가꾸며 전원생활을 하면서 휴식을 취한다는 점에서 옛날 별장과는 다른 개념이다. 휴가뿐만 아니라 주말, 휴일 및 평일에도 가고 싶으면 갔다가 아침에 바로 직장으로 출근하는 또 하나의 주택으로서 직장인들에게도 관심이 늘고 있다.

소형으로 지어야 관리도 수월하고, 1가구 2주택에도 제외된다

최근 젊은 층의 직장인들 사이에서 세컨 하우스 선호도가 늘고 있다. 그야말로 제2의 주택이고, 주말의 휴식을 위한 용도로써 소규모를 선호한다. 앞서 설명했듯이 소규모 전원주택이 신축비용도 적고, 관리도 수월하기 때문이다. 또 굳이 클 필요가 없다. 집안 행사나 큰 모임들은 대개 퍼스트 하우스에서 치르고, 세컨 하우스에서는 단기간의 휴식이나 휴양을 즐긴다. 컨테이너 하우스나 글램핑 등을 세컨 하우스로 애용하는 것도 그 정도의 규모만 해도 충분히 세컨 하우스의 기능을 다하기 때문이다.

우리나라에서 가장 무서운 것이 세금 제도다. 주택 투기 근절 정책의 일환으로 1가구 2주택에 대한 과세를 철저하고, 무겁게 적용하고 있다. 세컨 하우스도 '1가구 2주택'에 해당된다. 1가구 2주택에 해당되지 않기 위해서는 농막으로 사용해야 한다. 농막은 농사를 위한 창고다. 반드시 농지(지목이 '전, 답, 과수원')에 설치해야 하고, 그 면적이 $20m^2$ 미만이어야 하며, 가설건축물로 신고를 해야 한다.

지역에 따라서는 농막을 주택처럼 사용하는 것을 묵인하는 예도 있지만, 원칙적으로 화장실이나 복층 등으로 사용하는 경우 규제를 한다. 농막의 원래 목적인 농업용 창고나 휴식공간 등으로 사용하지 않고, 주택으로 사용할 때 제재를 가하는 곳도 있다.

세컨 하우스는 어디가 좋을까?

세컨 하우스는 매주 또는 자주 들러서 휴식을 취하기도 하고 농작물을 재배하기도 한다. 따라서 퍼스트 하우스와 멀리 떨어져 있으면 그 기능을 잃을 수 있다. 앞에서 설명했듯이 1~2시간 이내의 거리에 있어야 자주 오갈 수 있다. 서울에서 1~2시간 이내의 거리는 대개 수도권이거나 수도권에서 약간 벗어난 지역이다. 경치도 좋고, 공기도 좋은 지역이어야 한다.

수도권을 약간 벗어난 경기도 일대나 강원도, 충청도 지역까지도 충분히 1~2시간 이내의 거리다. 이렇게 보면 추천 지역은 상당히 넓은 셈이다. 저렴한 땅값의 보전관리지역이나 농림지역이라도 상관없다. 농림지역이라도 농가주택이 가능하고, 소규모의 농막으로 준비해도 세컨 하우스의 기능은 얼마든지 할 수 있다. 인근에 강이나 바다가 있으면 더 좋을 것이고, 산을 좋아하는 사람들은 산속이면 더 훌륭할 것이다. 본인의 취향대로 선택해서, 세컨 하우스도 일종의 토지 투자에 해당하는 만큼, 향후 가치상승을 염두에 두어 지역을 선정하길 바란다.

세컨 하우스를 어떻게 지을까?

세컨 하우스를 준비하려는 분들은 이것저것 많은 정보를 수집해야 한다. 가장 쉬운 방법은 이미 지어진 전원주택을 매입하는 것이다. 자신이 원하는 지역을 선정해 전원주택단지를 조성해서 지어진 주택을 고르는 것이다. 또 시골의 농가주택을 사서 일부 실내장식을 해 세컨 하우스로 활용할 수 있다. 시골의 오래된 고택을 이용하는 예도 허다하다.

일반적으로 세컨 하우스의 수요자들은 땅을 사서 본인이 직접 짓는 경우가 많다. 본인이 원하는 자재를 사용해 본인이 원하는 구조의 주택을 설계해 신축하는 것이다.

주로 사용하는 자재는 목재나 황토다. 통나무주택이나 황토 집은 건축비가 많이 든다. 일반 목조주택이나 스틸 하우스, 철근콘크리트주택이 일반적이기는 하지만, 최근 소규모의 컨테이너 하우스나 글램핑 등은 적은 비용으로 제작할 수 있다. 가장 일반적인 목조주택은 건축 기간이 짧고, 설계나 변경도 수월하다. 친환경적이고, 단열성과 보온성도 좋아서 많이들 선호하고 있다. 30~40대 젊은 수요자들은 소규모 저가 비용으로 아주 훌륭한 세컨 하우스를 만들어내고 있다.

세컨 하우스를 준비하는 분들에게

　세컨 하우스이지만 집을 마련한다는 것은 단순한 일이 아니다. 퍼스트 하우스를 준비하는 것만큼 중요하고 신중해야 한다. 먼저 어떤 땅을 매입할 것인가를 결정해야 한다. 발품을 팔아서 직접 현장 답사를 여러 번 다녀야 한다. 주택을 지어서 생활하는 데 불편함이 없겠는지, 진입로 상태가 어떤지, 상하수도의 여건은 어떤지 등을 꼼꼼히 살펴야 한다. 난방과 전기, 통신 시설도 챙겨야 한다. 한적한 전원생활을 선호한다면 마을과 떨어진 곳을 선택하게 되는데, 너무 멀리 떨어져 있으면 전기, 통신 등이 많이 불편할 수도 있다.

　땅을 매입할 때는 가장 중요한 것이 진입로의 여건이고, 건축허가가 날 수 있는 땅인지 확인하는 것이 가장 중요하다. 전원주택단지로 이미 조성된 땅을 매입할 때에도 토지대장 및 등기부등본 등 서류들을 꼼꼼히 챙겨서 건축허가를 받는 데 전혀 지장이 없는지를 확인해야 한다. 최근 기획 부동산 회사나 무허가 중개업자 등의 미사여구에 속아 피해를 보는 경우가 가끔 발생한다. 특히 주의를 기울여야 한다.

대부분 퇴직 후에는 전원생활을 선택한다

　세컨 하우스를 마련한 사람들의 연령대는 다양하다. 30대의 젊은 부부, 한창 직장생활 중인 40~50대 중년들, 정년퇴임을 앞둔 분들 및 이미 퇴임하신 분들 등등. 세컨 하우스의 전원생활을 즐기시는 분들의 목적도 제각각이다. 세컨 하우스의 형태도 시골 고향마을의 어릴 때 자랐던 시골집, 서울에서 가까운 경치 좋은 곳의 신축주택, 전원주택단지 내에 신축해놓은 집을 산 사례도 있고, 컨테이너 하우스 등 소규모 저가 비용의 실속 있는 집 등 형태가 다양하다. 세컨 하우스의 목적을 비교해서 크게 3가지로 나누어 본다.

① 귀농용

은퇴 후 노년 부부의 의견이 달라서 남편 혼자 귀농한 경우다. 부인은 도시의 퍼스트 하우스에서 생활하고, 남편은 세컨 하우스에서 농사를 지으며 지내는데, 자주 왕래를 하며 서로 즐기는 생활 형태다. 주중이든 주말이든, 도시든 전원이든 가고 싶을 때 가면 된다. 채소와 농작물들을 직접 길러 조달하는 재미로 즐거운 생활을 하는 것이다.

② 투자 목적용

토지를 매입할 때 투자 목적으로 환금성을 따져서 땅을 매입한 경우다. 그 땅 위에 전원주택을 신축해 세컨 하우스로 사용하다가 적당한 시기에 매각할 계획이다. 강원도 홍천이나 횡성 정도면 서울에서 1시간 30분 정도의 거리다. 경치도 좋고, 공기도 좋아 주말의 전원생활을 하기에는 안성맞춤인 곳이다. 텃밭도 가꾸면서 즐겁게 지내다가 매각할 시기가 되면 매각하면 된다.

③ 노후정착용

지금은 세컨 하우스로 이용하다가 노후에는 아예 이곳에서 정착할 생각으로 계획하는 것이다. 처음부터 계획을 그렇게 세워두고 있으면 주말에 와서 휴식하더라도 다를 것이다. 마을 사람들과의 교류도 더 활발히 하게 될 것이고, 주변에 더 애착이 갈 것이다. 제2의 인생을 보낼 곳이라고 생각하면, 더 좋고 아름답게 만들고 싶을 것이다.

현대인들은 소규모 주택을 선호한다

아파트도 대형 아파트는 인기가 떨어진다

용인 기흥의 한 아파트 단지가 25평형, 32평형, 48평형 및 56평형으로 구성되어 있다. 아파트 단지 내에 있는 부동산 중개사무소에 들렀는데, 전세 및 월세 임대아파트가 48~56평형은 여럿 있는데, 25~32평형은 전혀 없다고 한다. 25~32평형은 임차인이 대기하고 있어 임대매물이 나오는 즉시 계약이 체결된다. 반면 48~56평형은 찾는 사람이 드물어 쉽게 계약이 되지 않아 집주인들도 답답해하고 있다. 그러다 보니 대형 평수는 임대보증금이나 월세도 오히려 낮아지고 있다. 48평형이나 56평형이 보증금이 똑같고, 월세 금액은 오히려 더 낮은 예도 있다는데, 임차인들이 관리비가 많이 나오는 것을 싫어하기 때문이라고 한다.

임차인들은 "25~32평형에만 살아도 충분한데 굳이 보증금 비싸고 관리비 많이 나오는 대형 평수에 살지 않는다"라고 한다. 충분히 공감이 가는 이야기다. 이것이 최근 아파트 거래의 추세다. 또 비싼 아파트에 살지 않고, 차라리 전원주택을 지어서 마당과 텃밭을 가꾸며, 직장으로 출퇴근하는 젊은 사람들도 늘어나고 있다. 대지 70~80평에 주택을 20~25평 크기로 지으면, 아파트 전세보증금보다 적은 비용으로 내 집을 마련할 수 있다. 점점 갈수록 큰 집보다는 실속 있는 규모의 집을 선호하는 추세다.

땅 한 필지에 단독주택 두 가구(다가구주택)를 지어 마당을 공유하는 땅콩주택

최근 아파트 시세가 급등하고 땅값이 오르면서 내 집 마련을 원하는 실수요자들은 소박하고 경제적인 땅콩주택에 관심이 많다. 어린 자녀가 있는 경우 층간 소음 스트레스에서 벗어나서 반려동물과 자유롭게 지내며 마당이 있어 여유로운 생활을 할 수 있다. 땅콩주택이란 땅 한 필지에 단독주택 두 가구를 붙여서 지어(다가구주택) 마당을 공유하며 살 수 있는 집을 말한다. 마치 땅콩의 껍데기 속에 알맹이 두 개가 나란히 들어 있는 것 같다고 해 붙여진 이름인데, 정식 명칭은 '듀플렉스 하우스' 또는 '듀플렉스 홈'이라고 한다.

도시 생활은 싫고 귀농은 원하지 않으면서 적당한 지역에서 전원생활을 희망하는 사람들이 모여 이런 시장을 형성한 것이다. 토지 가격의 1/2만 부담하고, 도심과 멀지 않은 지역에서 전원생활을 누리는 것이 가장 큰 장점인 듯하다. 특히 교통이 편리한 수도권 외곽에서 땅콩주택의 인기가 늘고 있는데, 직장으로의 출퇴근이 가능하기 때문이다. 땅콩주택은 신축 시 공사 기간이 짧고, 건축면적이 적어 시공비도 많이 절감할 수 있다. 또 친환경 자재를 사용해 단열효과도 커 난방비도 줄일 수 있어 최근 젊은 부부들에게 인기가 많은 편이다. 토지 및 건축비를 2가구가 함께 부담하니 경제적으로 많이 절약되지만, 1주택을 2가구가 공동으로 소유하고 있어 재산권 행사가 불편하다.

노후에는 넓은 집의 관리가 힘들어진다

정부출자기관의 기관장으로 은퇴하신 선배님께서 젊을 때 50평형대 아파트에 살다가 30평형대로 옮겼다가, 70대가 되시면서 24평형의 아파트로 옮기셨다. 자녀들은 모두 출가하고 노부부 두 분이 사용하는 아파트가 너무 넓은 것이 그 이유였다. 청소하기도 힘들고, 관리비도 많이 나오며, 짐 정리하기가 여간 힘든 게 아니라고 하신다. 그리고 연세 드신 두 분이 사용하시는 공간이 너무 넓을 필요도 없다. 충분히 이해가 되고 공감이 가는 이야기다. 편하게 쉴 수 있고, 행복한 가족생활을 할 수 있는 공간이면 된다. 넓은 집에서 청소하고 관리하면서 고통을 감수하고, 쓰지도 않는 공간을 먼지만 앉히면서 그렇게 살 필요가 없다. 과감하고 현명하게 결정해서 여유로운 삶을 선택하는 것이다.

넓은 집을 처분해 적당한 크기의 집으로 옮기고, 가까운 시골에 세컨 하우스를 하나 장만해 두 분이 전원생활도 즐기며 사는 게 훨씬 나을 것이다. 실제로 그렇게 사는 이들이 늘고 있다. 자녀들이 왕래하기에도 전혀 불편함이 없다. 주말에는 함께 전원의 세컨 하우스로 떠나 휴식을 즐기고, 맛있는 바비큐 파티라도 하고 오면 스트레스는 다 풀린다. 굳이 넓은 집에 눌려 살아갈 필요가 없다.

전원주택은 소규모로 설계하고 텃밭을 만들어라

전원생활을 꿈꾸는 것은 도심을 벗어나 공기 좋고, 경치 좋은 곳에서 자연과 더불어 살고 싶은 욕망 때문이다. 본인이 살던 도심의 아파트를 처분해 전원주택을 마련하면 금전적 여유도 생긴다. 전원생활과 더불어 편안한 마음과 금전적 여유까지 만들어지는 전원생활은 행복 그 자체다.

최근 전원주택은 대지 70~80평 정도로 해서 금전적 부담이 줄어드는 소형주택이 대세다. 집이 크면 관리하기도 쉬운 일이 아니다. 향후 매매를 고려해도 손쉬운 친환경적 목구조의 소형주택이 부담이 덜하다는 것이다.

소규모의 전원주택을 계획하면 반드시 적당한 규모의 텃밭을 준비하는 것이 좋다. 젊은 분들은 자녀들과 함께 경작하면서 흙에서 자라는 농작물을 관찰하면 자라나는 자녀들의 정서에도 많은 도움이 될 것이다. 텃밭은 채소 등을 직접 길러 싱싱하게 자급자족할 수 있어 좋고, 자녀들에게 실질적인 산 교육을 할 수 있어 더욱 좋다.

또 시골의 텃밭은 건강이다. 흙냄새를 맡으며 흙과 함께 생활한다는 것은 건강에도 많은 도움이 된다. 도심에서 매연과 심한 오염 속에서 스트레스를 받으며 살아가는 것보다 시골에서 농사지으며 편한 마음으로 살아가는 것이 100세 시대의 건강관리법이다.

소규모 전원주택단지를 조성해 A기업체 임직원들에게 저가로 분양하다

2009년경 강원도 평창의 휘닉스파크 근처에 생산관리지역 임야 3,000평을 매입했다. 가까운 지인이 가지고 있던 땅 1만 평을 급매물로 처분하는 것을 친구와 둘이서 매입해 나누었다. 개발행위허가를 받아 토목공사를 하고, 진입로를 만들었다. 임야라서 약간 경사진 땅을 계단식으로 단지를 구성하기 위해 보강토보다는 석축으로 축대를 쌓았다. 다세대주택의 건축허가를 받아서 소형주택 위주의 소규모 주택단지를 만들었다. 1~2층의 다세대주택을 전용면적 13평 정도(건축면적 15평)의 소형주택으로 65세대를 설계했다.

단지의 경계를 목제 펜스로 시공하고, 단지 입구에 경비실을 설치했다. 단지 내에는 간단한 체육기구와 족구 및 배드민턴 등을 위한 공간을 만들었다. 단지 내의 여기저기에 기존에 자라던 나무들을 그대로 이용해 단지 조경을 했다. 1~2층의 다세대주택 65세대의 신축 현장이라 전체 토지 대비 용적률이 32% 정도에 불과해 공간이 매우 넓은 편이었다. 전원 별장에 온 듯한 느낌을 만들기 위해서 이렇게 설계했다. 강원도 평창의 물과 공기는 청정 그 자체이고, 밤하늘의 별들은 쏟아질 듯이 맑고 밝다. 이런 곳에 별장의 휴식처를 제공하기 위한 구상에서 시작된 사업이었다.

토지 매입부터 주택 신축공사비 등의 지출 내역을 보면 다음과 같다. 물론 은행의 건축자금 대출을 이용한 사업이었다.

토지 매입비	5억 1,000만 원(은행 대출금 3억 5,000만 원, 이자 연 8%)
소유권 이전 비용	2,550만 원(취득세, 등록세, 법무사 비용 등)
토목 공사 비용	6억 원(석축, 도로포장 등)
건축공사비(총 975평)	28억 원(빌라 65세대, 은행 대출금 이용)
금융비용(대출금 이자)	2억 4,000만 원(30억 원 × 8% × 1년)
보존등기비	1억 4,000만 원(42억 원 × 3.16% + 법무사 수수료)
기타 운영자금 등(세금)	3억 원(건축공사기간 및 분양기간 총 1년)

지출총액	45억 5,000만 원
	☞ 주택 1세대의 원가 : 7,000만 원

이 사업은 최초에 A기업의 노동조합과 협의해 추진된 사업이었다. A기업의 직원들에게 저가로 분양하기로 약속하고, 분양가격을 가구당

9,000만 원을 책정했다. 분양가격의 50%는 은행 대출금으로 납입해 자기 자금 4,500만 원으로 세컨 하우스를 장만하는 것이었다. 친한 사람끼리는 2명이 공동명의로 매입해 소유권 이전비 포함 1인당 2,500만 원으로 전원주택 세컨 하우스를 만들 수 있었다.

아이들을 위한 농장 겸
전원주택도 소규모를 선호한다

농장을 겸한 소규모의 동호회 전원주택

온라인이 일상화된 스마트시대를 살아가면서 현대인들은 동호회 활동을 활발히 하고 있다. 온라인에서 만나 오프라인으로 이어지면서 친한 친구가 되어 가족같이 지내는 사람들이 흔하다. 같은 취미를 함께 즐기는 것이 사람끼리 가장 빨리 친해질 수 있는 방법이다. 서로의 취향과 성격을 알고 함께 공유할 수 있는 콘텐츠가 같다는 것은 그만큼 서로를 잘 이해해주고 받아들이기 쉽기 때문일 것이다. 이렇게 시작되어 마음 맞는 사람들끼리 전원주택단지를 만드는 것이다. 젊은 사람들이 농장을 겸한 소규모 전원주택을 희망해 활발하게 잘 움직인다.

토지 투자를 해본 사람들은 얼마든지 스스로 할 수도 있다. 토지 구매에서부터 개발행위허가 및 건축허가를 받아 주택 신축공사까지 하는 것이다. 3~4명이 원형지를 공동으로 구입해서 분할하면 비용을 많이 줄일 수 있다.

주택의 신축은 각자의 취향대로 설계하고, 직접 지휘해 공사하든, 시공사에 맡기든 하면 된다. 한 필지의 땅을 공동으로 매수해 소형주택 3~4세대를 지을 수도 있다. 이렇게 해서 만들어진 동호인 전원주택이 여기저기에 있다. 가평의 아침고요 마을이나 화성의 예가원 마을, 용인, 대전 등 전국에 동호인 전원주택단지가 만들어지고 있다.

가족, 형제들의 소규모 전원주택

사람들은 나이가 들수록 어릴 때 함께 자란 형제들을 더욱 그리워하고, 자주 만나고 싶어 한다. 요즘은 형제가 많아야 2명이지만, 예전에는 6~7명은 예사였다. 지금 60대 중후반 이상의 세대들은 그런 예가 많을 것이다. 경제 규모가 커지고, 개인들의 삶이 여유가 생기면서 형제자매들끼리 함께 어우러져 살고 싶어지는 것이다. 집안에 따라서 4촌 형제자매들까지 친밀하게 지내는 사람들도 많이 있다. 형제들 모두가 마음이 맞을 수는 없겠지만, 마음 맞는 형제들끼리 모여서 살면 된다.

형제들끼리 돈을 모아서 토지를 매수한 뒤 분할해서 각자의 주택을 짓든, 공동주택으로 지어서 함께 살 수 있다. 공동주택은 다세대주택이 될 것이다. 형제가 5명이면 계획관리지역의 200~300평 크기에 소규모로 5세대를 신축할 수 있다. 각자 협의해서 각 층을 배정해서 입주하고, 토지를 공유한다. 그리고 층별 주택가격을 달리 적용해서 해당 금액을 분담한다. 마당을 넓게 이용하고, 다 함께 텃밭도 가꾸면서 채소를 수확해 함께 식사하고, 겨울철 김장도 함께하면서 노후를 보내는 것은 생각만 해도 행복하고 아름다운 일이다.

텃밭과 취미생활을 위한 고교 동창들의 소규모 전원주택

누구나 할 것 없이 친구 중 가장 친하게 지내는 관계가 고등학교 시절 친구인 것 같다. 동문회도 고교 동문회가 가장 친근감이 있다. 대학 동문들도 다 귀하고 소중하지만, 어릴 적 철없을 때 만나서 함께 동고동락했던 친구가 고교 시절 친구이기 때문이리라.

지금은 고인이 되신 존경하는 선배 한 분이 80세가 다 되시도록 고교 시절 동기동창 모임을 일주일에 2회씩 하시는 것을 봤다. 한번은 청계산이나 불곡산 등의 등산이나 골프로 함께하시고, 한번은 당구나 바둑 등으로 하루를 보내시는 것이었다.

각자 직장이든, 사업체든 정리하고 은퇴할 나이가 되면 친구를 찾게 마련이다. 친한 사람들끼리 모여서, 취미생활도 함께하고 맛있는 음식도 나누면서 더불어 사는 것이 참다운 삶이 아닐까…. 취미생활이 비슷하고, 마음이 맞는 친구들끼리 모여서 소규모 전원주택을 지어 텃밭도 가꾸고, 취미생활과 전원생활을 함께하는 것도 재미있을 것이다. 많은 인원이 아니더라도 3~4명이 모이면 충분히 가능할 것으로 생각한다.

직장 동호인 전원주택의 사례

요즘은 직장 동료들끼리 회식도 잘 안 한다고 하는데, 지금 하는 이 야기는 시대에 뒤떨어지는 이야기라고 할지도 모르겠다. 직장 동료들 끼리 동호인을 모아서 전원주택단지를 만드는 것도 얼마든지 가능한 이야기다. 모여서 함께 사는 것이 목적이 아니라, 각자의 전원주택을 싸고 쉽게 갖는 데 그 목적이 있는 것이다. 아파트 조합주택과 같은 개 념으로 이해하면 된다. 개인이 토지 100평을 사는 것보다 10명이 모여 1,000평을 사는 것이 훨씬 쉽고, 싸게 살 수 있기 때문이다. 주택의 신 축공사는 각자 알아서 하면 되는 것이다.

2006년경 LH공사 직원들이 중심이 되어, 광주시 오포읍 신현리에 19가구 규모로 동호인 주택단지 '한스빌'을 조성한 사례가 있다. LH의 주택연구소에 근무하던 최모 박사가 중심이 되어 시작했다고 한다. 지 인 중 주택개발업자 한 명이 자기 사업을 위해 전원주택 용지를 사 두 었는데, 분양이 어려울 것 같아서 사업을 망설이는 것을 보고, 스스로 사람들을 모으기 시작했다.

전원주택부지는 총 19필지로 분할되어 있어 19명이 필요했는데, LH 의 사내 인터넷 게시판에 공고를 내고, 최모 박사의 지인과 친척들에게

권유해서 19명을 모았다. 그런데 1997년 말, IMF 외환위기로 인해 시공업체가 부도가 나버렸다. 갑자기 공사비를 가구당 1,000만 원씩 더 부담해야 하는 상황이 됐지만, 회원들이 불평 없이 잘 협조해주었다.

'동호인 주택'이라는 취지에 맞춰 가구당 연면적을 35~45평으로 제한하고, 외관은 목재로 통일하는 등 몇 가지 규제를 뒀는데도 회원들이 잘 따라줬다.

매입 당시 땅값은 평당 50만 원 선이었고, 공사비는 250~300만 원 정도가 소요됐다. 부동산 중개사무소에 따르면 2억 5,000만~3억 원 정도였던 집값이 4억 원 이상으로 뛰었다고 한다(물론 지금은 더 올랐다). 집값 상승률은 분당의 타 아파트에 비하면 떨어지지만, 실수요 사례로 좋은 사례라고 할 수 있다.

전원주택단지를 개발해 동호인 등 소형단지로 묶어 분양하다

지금까지 소개한 내용을 토지 투자와 연계해서 설명해보고자 한다.

보전관리지역이나 생산관리지역을 선택해서 토지를 확보해 전원주택부지로 개발한다. 진입로를 확보해서 개발행위허가부터 받아야 한다. 전원주택을 30~40세대를 계획한다면 토지를 3,000~4,000평 정도를 확보해야 한다. 그 정도의 면적이면 개별허가를 받을 것이 아니라

도시계획심의를 받아야 하고, 개발행위허가를 받기 위해서 3~4개월이 소요될 것이다. 길면 6개월도 걸릴 수 있으니까 넉넉한 계획으로 진행해야 한다.

개발행위허가를 취득하고 나면 이때부터 적극적으로 광고 및 홍보를 해야 한다. 인터넷 및 각종 온라인 매체(네이버, 카카오톡, 페이스북, 인스타그램 등)를 이용해 광고한다. 취미생활 동호인들을 위한 단지, 형제들을 위한 단지, 동창회를 위한 단지, 직장동호회를 위한 단지 등으로 나누어 정해진 인원 이상의 동호회와 계약 시 우대를 해주는 방식으로 전원주택 입주자를 모집해본다. 물론 개별적 입주를 위한 단지도 준비해둬야 한다. 땅이든, 집이든 주변 시세보다 싸면 거래가 되는 법이다.

은퇴 후 휴식 및 휴양을 위한
전원주택은 소규모로 준비하라

남해의 시골 농가주택(촌집)을 구입해 리모델링하다

수도권 도시의 시청 공무원으로 근무하다가 퇴임하신 선배가, 2015년에 경남 남해군 상주면에 농가주택을 샀다. 그 선배의 고향은 경기도 용인이다. "왜 갑자기 연고도 없는 남해군으로 가서 촌집을 사셨이요?" 하고 물었더니, "바닷가에 살고 싶어서, 혼자 결정으로 샀다"라고 하셨다. 형수님의 의사를 물어보지 않았다는 이야기였다.

함께 남해로 내려가서 그 집에 들렀더니 외딴 시골 어촌마을 촌집이었다. "아파트에 살다가 이 촌집에 살 수 있겠어요?" 했더니, "동네 사람들과 사귀면서 조용히 살아보련다"라고 하시며 껄껄 웃으셨다.

이웃집의 어르신들(70대 중반의 노부부)께 인사를 드리고, 주변의 이웃들과도 간단한 인사를 나누었다. 그런 후 오후에는 농가주택의 리모델링을 위해 본격적으로 설계를 했다.

설계라고 해봐야 도면을 그린 것이 아니고, 어떤 부분을 어떻게 공사할 것인지에 대해 둘이서 의논한 것이다. 집의 구조는 주방, 안방, 작은방의 일자형이었으며, 조그마한 마루가 있었다. 화장실은 별채로 있고, 수돗가 및 장독대가 놓여 있는 간단한 구조였다.

화장실의 위생기를 교체하고, 부엌의 싱크대 상하부를 신체에 맞춰서 교체하기로 했다. 안방과 작은방은 창틀 및 보일러 배관을 교체하고, 도배를 다시 하기로 했다. 방문이나 마루 등은 그대로 사용하기로 했더니, 보일러 배관 교체공사가 가장 큰 작업이었다. 10여 일에 걸쳐 작업을 마무리하고 보니 큰 비용을 들이지 않고 훌륭한 전원주택이 만들어졌다. 비록 새 집은 아니지만 아담하고 포근한 소형의 전원주택이 되어 선배를 만족시켰다.

아산 신창저수지 인근 조립식 건물의 전원주택을 신축하다

한의원을 운영하는 고교 후배의 부모님께서 서울 노원구 상계동에 사시다가 아산의 신창저수지 인근에 농지 300평을 장만하셨다. 1호선 전철역의 종점인 신창역에서 4km 정도 떨어진 거리였다. "주변에 온양온천 및 도고온천이 있고, 도고CC도 있어 여기를 정했다"라고 하시며,

"서울의 아들네 나들이도 전철로 다니면 편리하다"라고 하시며 흐뭇해하셨다.

나를 만나기 전 이미 25평의 조립식 주택에 대한 건축허가를 받아 놓으셨고, 주변에 장비업자를 수소문해 놓으셨으며, 도고의 건설자재상까지 다 파악해 놓으셨다.

도고에 숙소를 정하고 신축공사를 착공했다. 장비를 불러 기초를 파고 바닥 기초공사를 하는 사이 패널을 주문제작 시켰다. 작업에 지장이 없도록 상수도와 전기 인입을 먼저 연결했다. 경량 철 구조물을 제작해 골조를 세우고 패널을 조립한 후 창호 및 현관문을 부착했다. 외부에 데크를 설치하고, 부엌의 싱크대와 보일러를 부착했으며, 도배나 장판 등 실내 인테리어를 마무리해 주택을 완성했다. 2개월여의 기간 동안 5,500만 원 정도의 건축비로 전원주택을 신축했다. 후배의 부모님께서는 매우 흡족해하시고, 집 안에 넓은 텃밭이 생겨 너무 좋다고 하셨다. 막걸리를 한잔하시면서 "앞으로 노 사장도 자주 놀러 와"라고 하시며 자주 보자고 하셨는데, 그동안 한 번도 찾아뵙지를 못해 송구스럽다.

1004섬 신안군의 회도에 전원주택을 신축하다

황토사업을 하시는 선배의 친구분이 신안 회도에서 전복과 대하 양식을 하고 계신다. 2015년 화성 남양읍에서 공장부지 개발을 위해 개발행위허가가 한창 진행되고 있을 때였다. 12월의 어느 날 새벽에 출발해 신안까지 갔는데, 지금은 다리를 놓아 섬과 섬을 다 연결했지만, 그 당시만 해도 다리가 없어서 차를 배에 실어야 했다. 배를 타기 전에 아침 식사를 하고 배가 출발하는 시각까지 40여 분을 더 기다렸다가, 차를 배에 싣고 들어갔다.

전원주택을 지으려는 부지는 당시 살고 있던 집 바로 옆의 본인 소유 밭이었다. 사는 집이 너무 오래되어 새 집에 살고 싶어 신축한다고 하셨다. 근처에 있는 주택업자를 불러서 공사하시지, 왜 굳이 서울에 있는 업체를 불렀냐고 하니까, 서울의 시공사가 집을 더 세련되고 잘 지을 거로 생각해서 그랬다고 하셨다.

설계도를 보니까, 골조는 철근콘크리트조였고 외부마감을 타일벽돌로 했으며, 지붕은 리얼징크(칼라강판)였고, 창호는 시스템창호였다. 설계도와 본인의 계획을 경청해 신축공사에 반영해서 약 3개월간 성의껏 공사를 마무리하고 떠나올 때 "해마다 전복을 보내주겠다"라고 하셨는데, 실제로 3~4년간 계속해서 전복을 보내주셔서 정말 감사했다.

영광군 영광읍 덕호리에 농가주택을 신축해 전원생활을 시작하다

광주광역시에 살던 가까운 지인의 조카가 도시 생활을 정리하고, 영광군 영광읍 덕호리에 농가주택을 신축해 귀농했다. 2017년에 30대 중반의 젊은 부부였는데, 두 아이는 영광의 어린이집을 보내며 시골생활을 선택한 것이었다. 부모님께서 농사를 짓고 계셨는데, 부모님도 도 와드리고 농사를 배우면서 살겠다며 시골로 들어온 것이다. 모두 기특 하고 고맙다며 칭찬을 아끼지 않았고, 젊은 부부 본인들은 충실하게 시 골생활에 잘 적응했다.

광주의 아파트를 처분하고 시골의 농지(밭)에 농가주택을 신축해 어 린 자녀 둘을 키우며 아무 불편함 없이 부부가 잘살아가고 있다. 복잡 한 도시 생활보다 한가하고 여유로운 시골생활을 선택한 것에 대해 아 직 한 번도 후회한 적이 없다고 한다. 어린아이들을 키우기도 도시보다 더 좋고, 아이들도 스트레스를 덜 받는 것 같다고 한다. 젊은 사람들이 전원생활을 선택하는 주요 원인이 자녀의 양육문제가 아닌가 싶기도 하다. 최근 시골의 농사도 점점 스마트화되어가고 있어 젊은 사람들이 시골로 들어가야 과학영농 및 영농혁신이 이루어질 것으로 생각된다.

전원형 실버타운을 계획하다

지금은 100세 시대다. 정년퇴임이나 현업에서 은퇴하신 분들은 아 직은 건강하고 활기가 넘친다. 굳이 황사와 대기오염이 심각한 도심지 역에서 살아갈 이유가 없다. 정년퇴임 후 20여 년은 물 좋고, 공기 좋은 전원에서 부부가 함께 인생을 즐기는 것이 대부분의 로망이다. 그런 후 그야말로 나이가 많아서 병원도 자주 다녀야 하고, 또 일상생활에서 타 인의 도움이 필요한 때가 있을 것이다. 그럴 때 다시 도심으로 돌아와 편안하게 노후를 보내면 되는 것이다. 그런 분들을 위해 전원형 실버타운을 공급하고 운영해 사회에 이바지하고 싶은 것이 나의 꿈이다.

내가 계획하는 전원형 실버타운은 부부가 단독주택을 사용하면서 본인들이 원하면 텃밭도 일구고, 정원도 가꾸며, 자연과 함께 살면서 실버타운의 기능을 갖춘 하나의 마을이다. 그렇게 하기 위해서는 물 좋고 공기 좋은 지역에 있어야 한다. 그리고 일정 규모 이상의 의료시설이 있는 지방의 소도시 인근에 있어야 한다. 그런 곳에 100여 가구 이상의 마을을 구성해 해당 지자체의 인구 증가 정책에 이바지할 것이다.

그 실버타운을 설립하기 위해서 3~4만 평 정도의 개발 가능한 임야를 구해야 한다. 그런 후 지방자치단체와 협의를 거쳐 대중교통 및 대민 지원시설을 설치할 것이다. 지자체에서 운영하는 문화교실 등을 자유롭게 이용하고, 쇼핑이나 장보기 및 병원시설 이용을 편리하게 할 것이다. 취미생활이나 골프 등의 운동을 자유롭게 할 수 있어야 한다. 가까운 골프장들과 협약을 해 언제든 부킹이 될 수 있도록 해야 한다.

전원생활을 하기 위해서는 기본적으로 본인이 원하는 규모의 단독주택과 농사지을 땅이 공급되어야 한다. 밭농사나 과수원 또는 정원 가꾸기 등 땅의 활용은 본인들의 선택사항이다. 마을 주민들끼리 어울리는 여러 동호회 및 취미생활을 위한 인프라가 구축되어야 한다. 그렇게 해서 골프회, 산악회, 당구클럽, 게이트볼, 독서 모임 및 꽃꽂이 등 취미를 위한 동호인 모임을 활성화할 것이다. 그렇게 되면 마을의 분위기는 자연스럽게 활기가 넘치게 되고, 멀리 사는 친척보다 이웃사촌이 더 좋은 마을이 될 것이다. 다 함께 즐기고 함께 사는 활기찬 노년생활, 그 속에서 나 또한 마을의 주민으로서 함께 살아갈 것이다.

법을 활용한 공동 구매,
공동 개발의 전원주택

개발행위허가 없이는 땅의 필지를 분할할 수 없다

가끔 작은 토지를 찾는 사람이 있다. 여러 가지 이유가 있겠지만, 땅을 사고 싶은데 돈이 넉넉하지 못해 돈에 맞춰 사고 싶은 것이다. 하지만 요즘은 옛날과 달리 마음대로 필지를 나눌 수 없다. 녹지지역, 관리지역, 농림지역 할 것 없이 관계 법령에 따라 개발행위허가를 받아야 분할할 수 있고, 대지의 경우 최소 분할면적을 별도로 규정하고 있다.

[건축법 시행령] 제80조에 명시된 건축물이 있는 대지의 최소 분할면적은 다음과 같다.

① 주거지역 : 60㎡

② 상업지역 : 150㎡

③ 공업지역 : 150㎡

④ 녹지지역 : 200㎡

⑤ 그 외지역 : 60㎡

건축물이 없는 대지의 경우에도 기준면적은 동일하지만, 개발행위허가를 받으면 기준면적 이하로도 분할할 수 있다. 도로를 내기 위한 경우라든지, 분할 후 즉시 다른 필지와 합병을 하기 위한 때는 분할이 가능하다.

토지의 분할이 소유자의 신청에 따라 자유롭게 진행되던 때가 있었다. 그런 허점을 이용해 이른바 '기획 부동산 회사'들이 활개를 치고, 그로 인해 선량한 피해자들이 수없이 속출했다. 도로도 없는 지방의 임야들을 필지만 분할해 땅에 대한 지식이 전혀 없는 분들을 골라 분양했던 것이다. 그런 토지를 분양받은 당사자는 수백 평의 땅을 가지고 있다며 엄청난 자부심을 가졌으니, 사실은 말 못 할 사기를 당한 것이었다.

혼자서 100평을 사는 것보다 10명이 1,000평을 사는 것이 쉽고, 이익이다

30평짜리 단층 전원주택을 짓기 위해서 계획관리지역에서는 75평만 있으면 되고, 보전관리지역이나 생산관리지역에서는 150평이 있어야 한다. 2층 주택이면 그 절반만 있어도 된다. 건폐율이 각각 40%, 20%이기 때문이다. 그런데 30평짜리 건물이 필요하다고 해서 75평만 만들어져 있는 땅은 없다. 특히 농지나 임야의 경우 대개 300~400평 이상이거나 몇천 평짜리의 땅이다. 택지를 개발해서 분양할 때도 거의 100평 이상으로 분할을 해서 도로까지 만들어 놓고 있다.

또 100평짜리 한 필지를 매입하고자 하면 시세대로 다 지급해야 한다. '땅은 클수록 단가가 싸다'라는 사실은 누구나 다 아는 사실이다. 평당 100만 원씩 하는 땅 100평을 사려면 1억 원을 지불해야 한다. 그런데 1,000평을 사려면 8억 원 정도면 가능한 경우가 많다. 그렇다고 보면 10명이 모여서 8억 원에 사서 분할하면 각 8,000만 원씩만 부담하면 된다. 또 전원주택단지를 개발, 분양하는 곳에 가서 각각 개인이 매입하고자 하면 1억 원씩 부담을 해야 한다. 10명이 모여 동호인 주택을 짓고자 한다면, 10개 필지를 한꺼번에 매각할 좋은 기회인데, 20% 정도는 할인을 해줄 것으로 생각한다. 이렇게 해서 토지 매입을 하면 20% 정도는 부담을 줄일 수 있다.

법원의 판결을 받으면 합의분할을 할 수 있다

여러 명이 함께 토지를 매입했을 때 소유권 이전은 지분으로 등기해야 한다. 10명이 한 필지를 매입했으면, 각 '10분의 1'씩 소유권 등기를 하게 된다. 앞에서 설명한 대로 개발행위허가가 없이는 필지 분할을 할 수 없기 때문이다. 물론 토지를 매입하기 전에 10명이 협의를 해서 토목사무소의 도움으로 각자의 토지의 위치를 정해놓고 매입했을 것이다. 동호회나 지인들끼리 단체로 매입한 것은 비용을 각출해 곧바로 개발행위허가를 진행해서 각자의 필지대로 나누면 될 것이다.

그렇지 않고, 공동소유나 타인들과 함께 땅을 산 경우, 필지를 분할할 수 있는 방법은 법원의 판결을 구하는 것이다. 토목사무소의 도움으로, '당사자 간의 분할합의서' 및 '공유 토지 분할 설계도' 등을 법원에 제출해 공유물 분할 판결문을 받으면 분할이 가능하다. 법원의 판결에 의한 공유물 분할 제도를 이용하자는 것이다.

공유자 간 땅의 위치에 대한 다툼이 있을 때는 별도의 소송이 필요할 것이다. 여러 명이 함께 땅을 살 때 사전에 다툼을 방지해야 하는 점을 명심하기 바란다.

개발행위허가를 받으면 필지를 분할할 수 있다

녹지지역, 관리지역, 농림지역 및 자연환경보전지역 안에서 땅의 필지를 분할하기 위해서는 개발행위허가를 받아야 한다. 필지 분할을 위해 개발행위허가를 신청할 때는 분할 제한면적을 지켜야 한다. 건축물의 건축, 공작물의 설치, 토지 형질변경을 위해 필지를 분할하고자 허가를 신청할 때는 관계 법령에 제한이 없어야 한다. 토지의 분할제한 최소면적은 앞에서 설명했고, 해당 지자체의 조례를 확인해볼 필요가 있다.

토지 분할 절차를 보면 다음과 같다.

① 개발행위허가서(필요시 법원판결문), 분할도면 등을 준비해 토지 분할을
   신청한다.
② 한국국토정보공사(전 지적공사)에 토지 분할측량신청을 의뢰한다.
③ 분할측량이 완료되면 측량성과도와 분할된 지번을 받는다.
④ 측량성과도를 제출해 토지 대장, 지적도 등 지적공부 정리를 신청한다.
⑤ 토지 대장, 지적도 등이 발급되면 등기소에 등기부 등재를 신청한다.

동호인 회원을 모집해 전원주택을
조합주택처럼 개발하라

앞에서 소개했듯이, 대한주택공사(지금은 LH공사, 이하 주공) 직원들이 중
심이 되어 만들어진 경기도 광주의 직장 동호인 주택단지 '한스빌'처
럼, 전원주택단지를 만들어보자는 것이다. 한스빌은 동일직장이라는
구심점이 있었지만, 여기서 소개하고자 하는 것은 동일직장이 아닌, 전
원주택을 원하는 사람들을 모아서 진행해보자는 것이다. 그렇다고 전
혀 모르는 사람들을 모을 수는 없다. 일단 시작단계에서는 추진단이 있
어야 하는데, 예를 들어 골프월례회라든지, 산악회 회원들끼리 전원주
택에 대한 취향이 맞는 사람들이 모여야 한다. 3~4명이 추진단을 구성

해 각자의 주변에서 회원들을 영입하는 것이다. 다른 모임의 회원 중 전원생활을 희망하는 사람, 친척들이나 동문, 회사 동료 중 전원주택 갖기를 원하는 사람들을 모으는 것이다.

이렇게 하면 전혀 연고 없는 사람들이 아니라서 서로 협의하기도 한 층 수월할 것이고, 서로 믿고 추진할 수 있을 것이다. 물론 돈과 관련된 일을 추진하기는 매우 조심스럽고 자칫 오해를 유발할 수도 있겠으나, 추진단에서 투명하고 신속하게 업무추진을 하면 얼마든지 그런 오해는 극복할 수 있다. 필요하면 신탁회사를 이용할 수도 있다.

모든 진행 상황들을 문서로 기록하고 동의를 받아서 진행하는 형식 을 취하면 될 것이다. 물론 시간은 좀 지체될 수 있으나, 이렇게 해서 원하는 전원주택을 시세보다 싸게 취득할 수 있다면 약간의 시간적 지 체는 문제될 것이 없다.

서로의 의견이 확인되면 토지를 정하고, 각자의 땅 위치를 정한 후, 잔금을 치르고 지분으로 소유권 등기를 한다. 개발행위허가를 신청해 필지 분할을 통해 각자의 땅으로 나누어 가지면 끝이다. 주택의 신축은 각자가 하되 함께 신축을 희망하면, 또한 건축비도 일부 절감할 수 있 을 것이다. 주택의 신축을 몇 년 후로 미루는 사람이 있으면 필지 분할 이 되어 있으니까 본인의 계획대로 하면 된다. 법원을 이용한 '합의에 의한 공유물 분할'에 대해서는, 앞의 설명대로 진행하면 되지만, 그럴 일은 없을 것이다.

소규모 공장들은
대부분 임대공장이다

소규모 공장들은 대부분 임대공장이다

공장들이 많이 모여 있는 지역에 가보면 소형공장들이 많다. 60평, 100평, 150평 등 소규모의 공장들이 주류를 이룬다. 소규모 공장들은 대부분 임대공장이다. 사업주가 독립해서 제조공장 운영을 시작할 때 대부분 소규모의 자본으로 시작하기 때문에 임대공장으로 갈 수밖에 없다. 공장을 임대해서 2~3년간 충실하게 제조업체를 운영하고 나면, 금전적 여유도 생기고, 은행의 신용등급이 올라가 은행 자금을 이용할 수 있게 된다. 은행 자금을 이용한다는 이야기는 공장을 신축할 때 시설자금 대출을 이용할 수 있다는 이야기다.

소규모의 공장들은 대부분 공장등록이 되어 있는 '공장'이 아니라 일반 제조장이나 창고 등으로 사업자등록이 되어 있다. '국토의 계획 및 이용에 관한 법률'에 따라 전용주거지역, 제3종일반주거지역, 유통상업지역, 보전녹지지역, 보전관리지역, 농림지역, 자연환경보전지역, 낙농지역 등에서는 공장등록이 불가하다. 상수도보호구역에서도 공장등록이 되지 않지만, 예외적으로 수질오염을 유발하지 않는 업종은 가능할 수 있다. 토지의 용도지역별 공장등록이 별도로 허용되는 업종 및 규모가 정해져 있다. 공장등록을 하기 위해서 건축법, 국토법, 대기환경보전법, 소음·진동관리법, 폐기물관리법 등의 검토가 필요하다.

60평 공장의 임대료는 월 150만 원이다

공장의 임대료는 지역에 따라 다르다. 까다로운 공장등록이 필요한 업종은, 일반적인 지역에서는 공장등록이 어려워, 공장등록이 되는 지역으로 가야 한다. 그런 경우 임대료가 더 비싸질 것이다. 경기도 화성시에는 공장이 밀집해 있다. 전국에서 공장이 가장 많은 지역이 화성시다. 경남 김해시에도 공장이 밀집해 있다. 전국에서 두 번째로 공장이 많은 지역이다. 이런 공장 밀집 지역의 공장 임대료가 더 비싼 편이다. 업종의 제한을 덜 받기 때문이다.

화성시나 김해시의 일반적인 임대료를 검색해보니, 공장건물 60평의 경우 월 150만 원이다. 보증금은 1,000만~2,000만 원이고, 해당 토지는 150~300평이다. 지역에 따라 약간의 차이는 있을 수 있으나 공장건물 기준 평당 2만 5,000원~3만 원이 적용되는 듯하다.

보전관리지역이나 생산관리지역의 토지 1,000평을 매입해 개발행위 허가 및 토목공사를 거쳐 공장건물 60평 3동을 지어 임대사업을 하는 경우 사업성을 분석해보자.

① 토지 매입(평당 60만 원) 6억 원 + 허가비, 토목비용(평당 25만 원) 2억 5,000만 원 = 총 8억 5,000만 원

② 공장건물 신축비(60평 × 3동 = 180평, 건축비 : 평당 200만 원) 180평 × 200만 원 = 총 3억 6,000만 원

③ 토지 및 공장 신축자금 은행 대출(약 70% 가정) ☞ 8억 원(이자 연 3%)

④ 자기 자금 부담액 : 12억 1,000만 원 – 은행 대출금 8억 원 – 3동 보증금 4,500만 원 = 3억 6,500만 원

⑤ 연 지출 : 은행이자 8억 원 × 3% = 연 2,400만 원

⑥ 연 수입 : 공장 3동 임대료 = 연 5,400만 원

⑦ 연 수익률 : (5,400만 원 – 2,400만 원) / 3억 6,500만 원 × 100 = 연 8.2%

3억 6,500만 원을 투자해서 1년 수입금이 3,000만 원이니까 수익률은 연 8.2%다. 최근 은행 금리가 1%인 것에 비하면 엄청난 수익률이다. 또 향후 부동산 가치 상승을 고려하면(공장 매매가격 상승) 매우 훌륭한 투자다.

임대공장의 사업주는 자가공장을 갖는 게 꿈이다

주택이나 공장을 임차해 사용하는 사람들은 누구나 본인의 집이나 공장을 갖기를 원한다. 공장을 임대해 제조업을 운영하면서 매월 임대료를 부담하는 것이 여간 큰 부담이 아니다. 공장을 임대해서 2~3년간 충실하게 사업을 하면, 금전적 여유와 은행의 신용도가 상승할 것이다. 이렇게 되면 은행의 대출을 이용해서 자가공장을 신축할 수 있게 된다. 은행의 시설자금 대출을 이용해 자가공장을 신축했을 때 매월 부담하는 은행이자가 매월 지급되는 임대료보다 훨씬 적다. 또 공장의 매매가격 상승으로 미래의 투자 가치가 매우 높다.

정부의 정책은 항상 중소 제조업체를 지원하고자 하므로 저금리 대출을 이용할 수 있다. 최근 정부 정책자금의 경우 대출금 이자가 연 0.5~1.5% 정도로 지원되고 있다. 예를 들어 공장 시설자금 대출 3억 원을 연 1.5%로 사용한다면 1년 이자는 450만 원이고, 매월 37만 5,000원씩만 부담하면 되는 것이다. 월세를 150만 원씩 부담하는 것과 비교해보면 엄청난 차이라는 것을 알 수 있다. 매출이 유지되고 은행 신용도가 상승하면, 자기 공장 신축을 적극적으로 고려해, 자금 지출을 줄이는 것이 가장 현명한 선택이다.

60평 공장을 신축할 땅 150평짜리는 없다

땅이 없는 것이 아니라 150평짜리 땅이 없다는 이야기다. 60평 공장을 짓기 위해서 계획관리지역의 경우 건폐율 40%를 적용하면 토지는 150평만 있으면 된다. 하지만 150평짜리 땅을 구하기가 쉽지 않다. 대개 농지의 경우 400~500평 내지 700~800평이고, 임야는 그 규모가 훨씬 커 수천 평씩 된다. 그것을 150평만 분할해서 매입할 수도 없다. 토지주도 원하지 않겠지만, 허가 없이는 토지를 분할할 수 없기 때문이다.

토지 투자를 하고, 토지 개발사업을 하는 사람들이 이런 공장용지들을 공급해야 한다. 공장용지개발로 허가받아 수천 평의 토목공사를 해놓은 경우, 원하는 평수에 맞춰서 살 수 있다. 60평이든, 100평이든 필요한 공장건물을 신축할 수 있도록 그 규모에 맞는 토지를 분할해줄 수 있다. 주로 계획관리지역보다 보전관리지역이나 생산관리지역에서 소형공장용지를 많이 공급하고 있다.

공장건물 60평, 보전관리지역은 300평, 계획관리지역은 150평 땅이 필요하다

60평의 공장건물을 신축하기 위해서 보전관리지역이나 생산관리지역에서는 300평의 토지가 필요하다. 건폐율이 20%이기 때문이다. 계획관리지역의 건폐율은 40%이므로 토지는 150평이면 된다. 따라서 계획관리지역의 토지가 보전관리나 생산관리지역의 토지보다 그 가치가 2배인 셈이다. 그만큼 땅값의 차이도 있다. 보전관리지역, 생산관리지역 및 계획관리지역에서 건축할 수 있는 건축물도 각각 다르다.

제조업체의 업종에 따라서 공장이 들어올 수 있는 곳이 있고, 없는 곳이 있다. 토지를 살 때 그 용도를 잘 살펴서 사야 한다. 소형공장의 경우 대개 공장등록이 필요하지 않은 업종이 많은 편이다. 근린생활시설이나 창고로 신축해서 생산활동을 하는 경우가 많다. 불법이 아니라 등록해야 하는 공장 코드가 없는 업종이라 그런 건물에서도 사업자등록을 할 수 있기 때문이다. 제한이나 규제가 있는 업종이라면 당연히 그 업종에 맞춰, 필요한 건물을 신축하는 데 아무 제한사항이 없는, 토지를 선택해야 할 것이다.

농림지역에서 커피가공공장, 김치공장, 버섯재배사 등을 신축한다

대개 농림지역이라고 하면, 관리지역보다 제한사항이 많아, 농사 이외에는 전혀 쓸 수 없는 지역으로 이해하고 있다. 농림지역은 농업진흥구역과 농업보호구역이 있는데, 농업진흥구역에 허가되는 건축물은 농업보호구역에서는 모두 허용된다. 일반주택 및 관광농원 등 농업진흥구역보다 농업보호구역에 허가되는 건축 가능 시설들이 더 많다. 건축물의 신축은 대부분 '국토의 계획 및 이용에 관한 법률'과 '건축법'의 적용을 받지만, 예외적으로 농림지역의 경우는 '건축법'이 아닌 '농지법'의 적용을 받는다.

농림지역 농업진흥구역 내 건축할 수 있는 건축물은 '농지법' 제32조에 명시되어 있다. 농막(20㎡ 이내), 농어민주택(100㎡ 이내), 버섯재배사, 창고 및 저장시설, 농수산물 가공처리시설, 경로당, 어린이집, 유치원 및 그 외에도 여러 가지 신축 가능 건축물이 있다. 특히 흔히 접할 수 있는 공장 중 커피가공공장, 김치공장, 콩나물공장, 새싹재배사와 버섯재배사 등의 시설물은 농산물가공처리시설에 해당하므로, 농림지역의 농업진흥구역 안에서도 건축할 수 있다. 앞에 나열한 공장들의 사업을 위해서 토지 가격이 저렴한 농림지역의 토지를 사서 공장을 준비하면 그만큼 비용을 줄일 수 있다.

쉽게 분양되는 60평~100평의 공장을 지어라

공장용지를 개발해 분양 시 비사업용 토지 양도세율은 10% 추가한다

주택부지만 고집하며 토지 투자를 하는 경우기 많다. 주택의 경우 수요가 많고, 쉽게 접근할 수 있다는 생각을 하는 것 같다. 하지만 생각을 바꾸어 볼 필요가 있다. 토지 투자를 주택용지만 고집하지 말고, 공장용지로 눈을 돌려서 관심을 가져보자.

주택 30평을 짓기 위한 토지는 80~100여 평이다. 공장을 짓기 위해서는, 건물의 면적에 따라 다르겠지만 최소 200~300평 이상 정해져 있지 않다. 수요자의 요청에 따라 면적을 정해 분할, 매각하게 된다. 그렇다고 해서 공급하는 땅값이 달리 적용되는 것도 아니다. 지역에 따른 시세의 차이가 있을 뿐 택지냐, 공장용지냐에 따른 땅값 차이는 없다.

공장용지 개발사업은 중소제조업체들에 공장용지를 공급해 정부의 중소기업 육성정책에 크게 이바지하는 것이다. 다만, 공장을 짓기 위한 부지만을 공급할 때는 세금을 더 많이 부담하게 된다. 비사업용 토지로 분류되어 사업용 토지보다 10%를 가산해서 부담한다.

양도세율에 대해서는 102페이지의 자료 2-2에 자세하게 설명되어 있다. 따라서 공장용지만 분양하지 말고, 공장건물을 지어서 토지, 건물을 함께 분양하면 세금을 덜 부담하게 된다.

공장용지 개발 후 공장건물을 신축해서 분양하면 양도세를 절감한다

공장이 필요한 사람들은 땅을 사서 공장을 짓는 것을 어렵고, 복잡한 과정으로 생각한다. 새로 짓는 것보다 조금 더 비싸더라도 지어진 공장을 사려고 한다. 그래서 경매에 관심을 두고, 공매를 유심히 살핀다. 이는 토지 투자자들에게는 더 좋은 기회인 것이다. 공장을 지어서 팔면 된다. 공장용지만 분양하면 세금을 더 많이 부담해야 하는데, 공장건물을 지어서 함께 매각하면, 사업용 토지에 해당하므로 세금을 적게 부담하게 된다.

건물을 지어서 분양하면 투자 금액 대비 부가율은 더 높아지고, 세금도 줄일 수 있어 수익률이 그만큼 더 올라간다. 건축비용이 1억 원 들었다고 해서 건물값을 1억 원만 더 받는 것이 아니다. 건물을 지어 놓으면 땅값에 건물값을 더해서 계산하는 것이 아니라, 땅 면적대비 평당 단가를 적용해서 공장 매매가 이루어진다. 그러므로 부가율이 많이 늘어나는 것이다. 물론 건축비의 부담은 늘어난다. 신축건물 평당 약 200만 원 정도의 건축비를 부담해야 하지만, 제조업의 사업자로 등록해 공장을 신축하면, 은행의 시설자금 대출을 이용할 수 있어 건축공사비의 80%는 지원받을 수 있다.

화성 양감에서 축사를 경매받아
공장용지 4,000평을 공급하다

2012~2013년에는 주로 화성의 정남면, 향남읍, 양감면 등지에서 공장용지 개발사업을 하고 있었다. 2013년의 일이다. 양감면에는 축사가 많은 편인데, 그중 경매가 진행되는 것이 있었다. 토지는 약 4,000평의 잡종지였고 닭을 주로 키우던 축사였는데, 그 당시에는 축사를 사용하지 않고 있었다. 조류 인플루엔자(AI)가 휩쓸고 지나간 후였던 것 같다.

그 축사를 동종 사업을 하고 있던 후배가 낙찰받았다. 축사가 많은 지역은 진입로 사정이 썩 좋지 않다. 하지만 소형공장을 지어서 분양하는 데는 큰 지장이 없는 정도였다. 바로 옆으로 KTX 철로가 놓여 있어서 수시로 KTX가 지나다녔고, KTX가 지나갈 때마다 기차 소리가 요란했다. 축사에는 여러 가지 시설이나 물건들이 많아 그 시설물을 양도받기가 쉽지 않은 듯했다. 후배는 어렵게 그 운영자를 내보내고, 그 자리에 60~100평의 공장을 신축할 수 있도록 토지를 분할해 분양했다.

화성 남양에서 임야를 경매받아
공장용지 7,000평을 공급하다

2014년에 화성 남양에서 계획관리지역의 임야 7,000평을 경매로 매입했다. 진입로의 문제가 약간 있었지만, 지인의 토지를 일부 매입해서 도로를 확장하면 되는 것이었다. 약 6개월에 걸쳐 도시계획심의를 거쳐 개발행위허가를 받고 토목공사를 했다. 인근 마을의 주민들과는 경매 진행 과정에서 이미 친분을 만들었고, 마을 이장님과도 각별한 관계가 되어 있었다.

그런데 토목공사를 하는 도중에 장마철을 맞았다. 임야를 파헤쳤으니 장맛비에 흙이 씻겨 내려가 배수구를 막아버렸고, 배수구로 흘러가야 할 물이 넘쳐서 현장 아래의 밭으로 쓸려 들어갔다. 농작물이 초토화됐고, 누런 황토가 밭을 뒤덮어서 황토밭이 됐다. 밭 주인은 그 마을의 주민이 아니었고, 공무원 정년퇴임을 하시고 수원에 살면서 농사를 짓기 위해 승용차로 출퇴근을 하시는 분이었다. 장마철이 끝나고 밭의 농막에서 만나 양해를 구하고, 농작물 피해에 대한 합의와 함께 변상을 해드렸는데, 알고 보니 고향 선배님이셨다. 그렇게 해서 2014년에

7,000평의 공장용지를 공급했다.

화성 정남에서 맹지를 개발해 공장용지 4,000평을 공급하다

2017년에 지인이 소유하고 있던 계획관리지역 임야를 공동개발했다. 화성시 정남면 문학리의 임야 4,600평이었는데, 그 땅은 다른 공장들과 접해 있었지만, 진입로가 없는 맹지였다. 마침 그 땅 앞에 접해 있는 공장의 옆으로 도로와 연결되는 땅이 270평 있었고, 그 공장이 소유하고 있었다. 그 공장 측과 협의해 270평과 우리 땅 600평을 맞바꾸기로 합의했다. 토목공사를 해서 공장에 접한 부분 600평을 주기로 한 것이었다.

그 270평으로 진입로를 해결해 도시계획심의를 거쳐 개발행위허가를 받아서 토목공사에 착수했다. 평균 경사도의 문제가 약간 있었으나 토목사무소에서 원활히 해결했고, 도시계획심의 보완을 위해 허가 기간이 조금 더 길어졌을 뿐 큰 문제 없이 개발행위허가를 취득했다. 그 땅을 소유하고 있던 지인은 여러 가지 채무로 인해 어려움을 겪던 중이라 개발행위허가는 너무도 반가운 소식이었고, 큰 희망이었다.

즉시 토목공사에 착수했고, 별 어려움 없이 예상기간 안에 공사를 마무리했다. 그 땅은 공장지대와 접해 있어 공장용지로서의 입지조건은 아주 좋았다. 당연히 공장용지 분양가격도 높았고, 땅의 위치가 좋았기에 매매도 아주 수월했다. 지인을 도와드리기도 했고, 큰 도움을 받기도 했던 기분 좋은 투자였다.

소규모 사업주들을 위해 소형공장을 지어서 공급하라

토지 투자를 원하시는 분들에게는 소형공장을 지어 임대사업을 해보는 것을 적극적으로 추천한다. 연 수익률이 8% 이상이면 수익률이 매우 높은 것이다. 때에 따라서는 수익률이 그 이상이 되는 예도 있다. 투자 대상이 부동산이기 때문에 매우 안정적이고, 향후 부동산 가격 상승도 기대할 수 있으며, 매월 수입금이 고정적인 점 등을 고려해보면 아주 훌륭한 토지 투자 사업이다. 반복적인 토지 투자나 개발 사업의 투자로 자금을 회전시키고 부가율을 높이는 투자가 아니라면, 안정적이고, 고정적인 소형공장 임대사업을 적극적으로 추천한다.

동 업계 모임을 통해 동호인 단지를 개발하라

전원주택단지를 동호인 단지로 만들 듯이 소규모 공장들도 동호인 단지로 만들 수 있다. 예전 금융기관 재직 시 지켜본 바로는, 제조업체들은 동 업계 모임들이 아주 많다.

동 업계협의회, 지역발전회, 골프모임 및 금융기관을 주도로 하는 모임 등 대외적인 활동을 위한 모임들이 아주 많은 것을 본 적 있다. 서로

교류하면서 정보도 주고받고 동 업계의 동향을 파악할 수 있으며, 원자재를 수입할 때 물량을 맞춰야 하면 2~3개 업체가 합해서 수입하는 때도 있다.

그러한 모임을 하면서 동호인들끼리 의견을 모아 동호인 공장단지를 만들면 큰 비용을 줄일 수 있을 것이다. 여러 업체가 모여서 땅을 크게 확보한 후 개발행위허가를 받고, 토목공사를 해서 각자 필요한 면적만큼씩 필지를 분할하면 된다. 이미 시작할 때 설계도면에 다 반영되어 있겠지만, 사전에 협의한 대로 필지를 나누어서 소유권이전 등기를 하면 끝난다. 공장건물 신축은 업체마다 각자의 필요에 따라 진행하면 될 것이다.

제**5**장

화성에서는 공장을, 용인에서는 전원주택을 지어라

교통 및 입지여건을
철저히 분석하라

공장의 입지여건

공장을 설립고자 할 때 여러 가지 입지여건을 분석해야 한다. 주변 환경을 고려해 공장이 들어설 수 있는 지역이어야 하고, 땅값의 시세가 적정한지, 건축허가는 무난한지 등 여러 가지를 잘 분석해야 한다. 그중 직원들의 출퇴근 문제, 물류 수송 및 보관, 미래의 투자 가치 등도 함께 고려해서 결정해야 한다.

① 직원들의 출퇴근

공장을 이전하거나 신축할 때는 직원들의 출퇴근이 쉬운 지역으로 가야 한다.

지인 중에 공장 이전 후 직원들, 특히 기술자들이 출퇴근 거리가 멀어 퇴사를 희망해 낭패를 겪는 것을 본 적이 있다. 생산제품 관련 특허기술을 가진 기술자가 퇴직해버리면 기업은 생명을 다하는 것이다. 결국, 추가비용이 크게 지출됐고, 사전에 충분히 검토하지 못해 발생한 공장 이전에 따른 비용의 손실이었다. 따라서 사전에 직원들의 사정과 의사를 충분히 조사해야 한다.

단순히 출퇴근의 문제라면, 회사에서 출퇴근 차량을 운행하든지, 직원들의 개별 승용차 운행에 대한 지원 등 사전에 충분한 대책을 수립후 결정해야 한다.

② 원자재 및 생산제품 물류 문제

원자재와 생산제품에 대한 수송과 보관 관련한 물류 문제도 사전에 충분히 검토해야 한다. 최근 물류 문제로 인해 제조공장들이 곤란을 겪는 경우가 많다. 거리에 따른 운송비용이 만만치 않을뿐더러 생산제품의 보관비용 지출이 커지면 기업으로서는 큰 손실이다. 물류창고 없이는 제조업이 불가능할 정도다. 따라서 최근에는 대형 물류단지 개발이 추진되고 있으며, 중소 제조업체들도 ㄱ 대비를 철저히 해야 한다.

생산제품의 납품과 관련해서 납품처와의 거리도 매우 중요하다. 납품처와의 거리가 멀면 시간과 경비가 많이 소모된다. 직원을 더 늘려야하고, 그에 따른 인건비와 운송비용이 만만치 않게 추가로 늘어날 것이다. 그래서 대기업들의 공장 근처에 1~2차 협력업체들이 따라다니는 것이다.

③ 미래의 투자 가치 감안

공장은 부동산이다. 부동산에 대한 투자는 항상 미래가치를 감안해 투자가 이루어져야 한다. 지금 당장 필요하다고 해서 아무 곳에서나 공장을 설립할 순 없다. 여러 가지를 분석하면서 미래의 투자 가치도 함께 고려한다면, 매우 훌륭한 투자가 될 것이다.

특히 도로의 여건이 어떻게 되느냐가 중요하다. 도로의 사정이 안 좋으면 물류의 운송시간을 많이 뺏기게 되고, 그만큼 지출이 늘어날 수밖에 없다. 가까운 미래에 도로가 개설된다든지, 주변에 개발 호재가 있다든지 하면 더없이 좋겠지만, 그렇지는 않더라도 여러 가지 입지여건과 미래의 투자 가치를 함께 고려해 공장의 위치를 선정해야 한다.

전원주택의 입지여건

조선경제에서 주관하고 조선일보사와 산업통상부가 후원하는 '전원주택의 입지조건과 전원생활의 최적지 평가'가 있다. 그 기준은 전원도시의 인지도, 호감도, 체험률, 만족도, 신뢰도, 충성도 등이다. 간단히 말하면, 아름다운 자연과 전원생활을 할 수 있는 우수지역이 어디인가 하는 것이다. 2014년에 가장 주목받은 우수 지자체로 청도군이 선정됐는데, 일반적으로 전원주택의 입지조건이나 최적지를 선정할 때 다음의 기준을 참고하면 될 것이다.

① 교통 및 생활 본거지와의 거리

주택은 삶의 터전이다. 모든 것이 집에서부터 시작한다. 그러한 집을 전원으로 옮겨 자연과 함께 힐링하며 살기 위해 준비한 것이 전원주택이다. 전원생활을 해도 수시로 외출해야 하는데, 요즘은 대부분 자가용 승용차를 이용하고 있지만, 가끔 대중교통을 이용해야 하는 때도 있다. 이럴 때를 대비해서 교통 여건을 고려해야 한다. 교통이 너무 불편하면 생활이 힘들어질 수 있다.

또 지금까지 살아온 생활 본거지와의 거리도 중요하다. 친하게 지내던 지인들이며, 단골로 다니던 시장, 마트, 미용실, 카센터 등이 있을 수 있어 수시로 왕래해야 한다. 전원생활을 한다고 해서 그런 관계들을 다 끊을 수는 없을 것이다. 그런 점들을 고려해서 거리를 잘 따져 입지를 선정하자.

② 주변 경관

전원주택 생활은 그동안 살아온 복잡한 도시에서의 탈출이다. 사람들은 건강과 활력을 충전하는 힐링의 공간으로 전원주택을 선택한다. 물 좋고, 공기 좋으며, 인심 좋은 곳에서 좋은 사람들과 더불어 살아갈 집이 주변 경관도 좋으면 얼마나 좋겠는가! 금상첨화다. 이런 곳은 땅값이 더 비쌀 수 있다. 하지만 좋은 주변 경관은 관광지나 유원지가 아니라 본인의 취향에 맞는 경관이면 충분하다. 물을 좋아하는 사람이라면 물 근처를 정하고, 산을 좋아하는 사람이라면 산 근처를 택하면 된다. 바다를 좋아하면 바다가 바라다보이는 곳에서 적당한 가격의 땅을 골라보면 될 것이다.

③ 마을 주민들과의 소통

인간은 더불어 살아가야 한다. 이웃들과 서로 정을 나누며 동고동락할 때 사는 재미를 느낀다. 특히 요즘은 고령화 시대가 되어 시골로 갈수록 연세 드신 분들이 많다. 특히 경상도나 전라도의 농촌 시골로 가면, 마을의 90% 이상이 연세 드신 노인분들이다. 이웃과 단절하고 외톨이로 사는 것보다 마을의 주민들, 특히 노인분들과 친분을 만들어서 서로 왕래하며 좀 보살펴 드리기도 하고, 인생의 경험과 지혜를 배우면서 살아보는 것은 어떨까? 각자의 생각과 취향이 다를 수 있지만, 다 함께 더불어 살면 즐거움과 행복은 2배가 된다.

④ 생활 인프라

전원주택지를 선정할 때 생활 인프라가 잘 갖춰져 있는지가 중요하다. 현대문명이 필요 없고, 그저 조용하고 한적한 생활만을 원한다면 굳이 논의할 필요는 없겠다. 하지만 그렇지 않고, 일상적인 생활을 위한 전원주택이라면 생활 인프라가 갖춰져 있어야 한다. 가장 기본적인 것이 전기와 통신이다. 모든 가전제품이 전기로 사용되고, 자동차까지도 전기차를 이용한다. 또 핸드폰이나 컴퓨터, TV 등의 통신 없이는 살아갈 수 없다. 상수도는 없으면 지하수를 파서 해결하거나 산골짜기의 맑게 흐르는 물을 이용하면 된다. 보일러나 화구의 연료는 LPG 가스나 기름 또는 목재를 이용할 수도 있다. 전원주택지를 선정할 때 이와 같은 생활 인프라가 어떻게 구축되어 있는지를 잘 살펴야 한다.

창고 및 전원주택은 보전관리지역이나
농림지역에서도 가능하다

앞의 설명에 따른 입지조건을 갖춘 창고나 전원주택은 상대적으로 땅값이 싼 보전관리지역이나 농림지역에서도 신축할 수 있다. 토지 투자자로서 도움이 될 만한 내용 중 신축 가능한 건축물 일부를 명시해보면 다음과 같다.

보전관리지역 안에서 건축할 수 있는 건축물 중 일부

- '건축법 시행령' 별표 1 제1호의 단독주택
- '건축법 시행령' 별표 1 제3호의 제1종 근린생활시설(휴게음식점 및 제과점 제외)
- '건축법 시행령' 별표 1 제4호의 제2종 근린생활시설(같은 호 아, 자, 너, 더 목은 제외)
- '건축법 시행령' 별표 1 제18호 가목의 창고(농업·임업·축산업·수산업용만 해당)

농림지역 안에서 건축할 수 있는 건축물 중 일부

- '건축법 시행령' 별표 1 제1호의 단독주택('농지법'에 따른 농어가 주택)
- '건축법 시행령' 별표 1 제3호 사목 및 아목에 따른 제1종 근린생활시설
- '건축법 시행령' 별표 1 제4호의 제2종 근린생활시설(같은 호 아, 자, 너(농 기계수리시설 제외), 더, 러목(안마시술소만 해당)은 제외)
- '건축법 시행령' 별표 1 제18호 가목의 창고(농업·임업·축산업·수산업용만 해당)

특히, 농림지역 안에서 커피가공공장, 김치공장, 콩나물공장, 새싹재배사와 버섯재배사 등의 시설물은 건축할 수 있으니 투자자로서 꼭 기억하면 도움이 될 것이다.

출퇴근이 용이한
전원주택지, 용인

출퇴근이 용이한 전원주택지

앞서도 언급했지만, 최근 30~40대 젊은 층은 한적한 전원주택 생활에 관심이 많다. 아파트 전셋값으로 마련할 수 있는 합리적인 가격에다 출퇴근할 수 있고, 자녀들이 마음껏 뛰놀 수 있어 더욱 선호한다. 자녀의 건강하고 행복한 삶을 위해 전원주택을 선택한다. 중장년층은 은퇴 후의 전원생활이나 세컨 하우스로 이용하면서 힐링과 주말농장 등으로 많이 즐기고 있다.

전원주택단지를 개발하면서, 단지 내에 마트나 커피숍 등의 편의시설과 텃밭, 바비큐장 등을 설치해 주민들 간의 화합을 도모할 수 있도록 하고 있다. 사람들은 도심과 멀지 않은 지역에서 주민들과 화합하며 즐겁게 지낼 수 있는 웰빙문화의 전원주택 생활을 점점 선호한다.

전원주택지로 인기 급부상 중인 용인

아파트값이 천정부지로 상승하면서 사람들은 전세보증금으로 가능한 전원주택을 선택하고 있다. 출퇴근이 가능한 지역에서 전원생활을 즐기며 삶의 질을 높이는 것이다. 교통이 편리하고, 생활 인프라가 잘 갖춰져 있으며, 출퇴근이 가능한 용인지역에 전원주택들이 많이 들어서고 있다. 특히 용인의 모현, 포곡, 양지, 원삼, 기흥 및 천리 등 서울로 출퇴근이 가능한 지역에 사람들의 관심이 크다. 도심과 가까워 도시의 편리함을 누리고, 자연과 함께 하는 여유로운 전원생활을 즐기면서, 이 2가지를 동시에 누릴 수 있는 지역으로 용인을 선택하는 것이다.

용인의 경우 서울 강남으로 다니는 좌석버스 및 광역버스가 있고, 전철과 연계되는 경전철이 있어 교통의 편리성 때문에 더욱 선호하는 것 같다. 수원의 삼성단지와 성남 분당의 테크노밸리로 출퇴근이 가능하고, 서울 강남까지 1시간 이내의 지역인 점을 이유로 많이 선택한다. 경부고속도로와 영동고속도로가 지나고 있어 동해안이나 지방으로 가기도 수월한 것이 장점이다.

수도권 최고의 전원주택지, 양평

양평은 서울에서도 가깝지만, 북한강과 남한강이 흐르고 있어 예전부터 전원주택지로 많이 선호하는 지역이다. 양평에는 유명산, 용문산 및 국립 양평 치유의 숲과 자연휴양림 등이 있다. 북한강과 남한강이 만나는 두물머리가 있고, 북한강변의 양수리는 오래전 대학 시절에 MT를 주로 가던 곳이기도 하다. 서울에서 30~40분 거리이며, 서울 - 강릉 간 KTX 양평 및 경춘선 전철이 있어 교통이 매우 편리해졌다.

여러 가지 생활의 인프라를 이용해 양평의 서종, 양서, 강상, 강하 및 용문 등에 전원주택들이 많이 들어서고 있다. 서울까지의 교통이 편리해 출퇴근할 수 있고, 가깝고 주변 경관이 뛰어나 세컨 하우스로 전원주택을 많이 신축하고 있는 지역이다. 특히 제2영동고속도로가 개통되어 양평의 양동지역에도 전원주택단지들이 많이 들어서고 있다. 산속의 맑은 물과 공기, 조용하고 아름다운 자연경관들이 전원주택의 입지조건에 적합하기 때문이다.

GTX A, B, C노선이 들어서는 지역의 전원주택지 투자

수도권광역급행철도(GTX)가 2024년에 개통 예정이다. GTX는 A노선, B노선, C노선이 있는데, 수도권에서 서울로 출퇴근이 가능하도록 시설되는 철도다. GTX가 개통되면 토지 투자가 활성화될 것이고, 전원주택단지 개발이 많이 늘어날 것으로 예상한다. GTX의 노선별 지역을 살펴보면 다음과 같다.

① GTX-A 노선의 운정, 동탄

GTX-A 노선은 파주 운정역 - 일산 킨텍스 - 고양 대곡 - (서울지역) - 성남역 - 용인역 - 동탄역이 종점이다. 파주 운정 및 동탄을 주목해볼 수 있다. 두 지역 모두 신도시 지역이고, 동탄은 아직 개발이 진행 중인데 개발이 완료되면 국내의 최대 신도시가 될 예정이다. 신도시 인근의 전원주택은 도시의 편리함을 함께 누릴 수 있는 지역이다. 도시의 편리함을 함께 누릴 수 있는 운정과 동탄 지역의 인근 전원주택단지들에서 서울 도심으로의 출퇴근이 가능해질 것이다.

② GTX-B 노선의 마석, 호평

GTX-B 노선은 남양주 마석역 - 호평 - 별내 - (서울지역) - 부평역 - 인천시청 - 송도역이 종점이다. 남양주의 마석, 호평지역을 눈여겨볼 수 있다. 남양주의 수동은 유명한 전원주택지인데 마석과 인접해 있다. 이 지역들도 전원주택 생활을 하면서 서울로 출퇴근이 가능해진다. 지금도 도로가 잘 발달해 있어 서울로 접근성이 좋은 편이지만, GTX가 개통되면 강남까지 30분이면 충분하다. 마석과 호평지역은 아직 땅값이 많이 상승하지 않은 지역으로서 향후 토지 투자의 전망이 밝은 지역이라고 할 수 있다.

③ GTX-C 노선의 덕정, 회천

GTX-C 노선은 양주시 덕정역 - 의정부 - (서울지역) - 과천 - 금정 - 수원역이 종점이다. 여기서는 양주의 덕정지역이 눈에 띄는 지역이다. 덕정역 주변의 회천지구는 옥정신도시로 인해 아직 드러나지 못

하고 있는 지역이다. 옥정신도시도 아직 도시편의시설이 미비하지만, GTX가 개통되면 순식간에 도시가 완비될 것이고, 주변의 전원주택 용지들이 투자 유망지로 급부상할 것으로 예상한다.

덕정의 회천지구는 토지 투자뿐만 아니라 아파트 투자도 관심을 가져볼 만하다. 아파트 시세가 아직 저평가된 지역인데, GTX의 개통이 가까워지면 가격이 많이 상승하지 않을까 생각한다.

영동고속도로를 따라가는 전원주택지

전원주택은 도로를 따라간다고 한다. 고속도로와 큰 국도를 따라가다가 좋은 산과 아름다운 강물이 있으면 어김없이 전원주택단지들이 줄지어 있다. 토지 투자자들이 전망 좋고 아름다운 지역들을 골라 투자를 해서 개발해놓은 것이다. 영동고속도로를 따라가보면 대표적인 곳들이 용인의 양지, 이천의 덕평, 이천IC 주변 지역, 여주IC 주변 및 원주 문막지역 등에 전원주택단지들이 많이 몰려 있다.

중부고속도로를 따라가는 광주IC 주변의 퇴촌과 곤지암, 일죽, 진천, 청원 등의 IC 주변에도 전원주택들이 많다. 퇴촌과 곤지암 등은 서울로의 출퇴근이 가능한 지역이다. 일죽, 진천 및 청원 등은 수도권의 전원주택지보다 땅값이 저렴한 편이어서 귀촌해 전원주택 생활을 하기에 매우 좋은 지역이다.

서울-춘천 고속도로변을 따라가면 양평의 서종면, 가평의 설악면 및 홍천의 홍천강 일대에도 전원주택들이 많이 모여 있다.

경치가 아름다운 바닷가 전원주택

해돋이가 아름다운 동해 일출의 장엄함과 노을 진 서해의 진풍경을 함께 하는 낭만과 힐링의 바닷가 전원주택은 누구나 동경하는 곳이다. 바닷가의 전원주택 부지는 출퇴근하는 전원생활이 아닌, 은퇴 후의 귀촌 전원생활이나 세컨 하우스 또는 펜션 사업지로 주목받는 곳이다.

동해안의 속초나 고성, 강릉, 양양 등은 고속도로가 잘 뚫려 있어 수도권에서 가깝다. 서울 - 양양 간 KTX도 개통되어 있어 예전과는 매우 다른 입지조건을 갖추게 됐다.

서해안의 강화도, 대부도, 서산 태안 및 새만금 지역도 전원주택지로 각광받는 지역이다. 특히 정부에서는 새만금 지역을 동북아 경제 허브로 조성해 중국과의 경제교류 중심지로 만들 계획을 하고 있어 토지 투자의 호재가 매우 많은 곳이기도 하다.

남해안의 거제, 통영, 남해, 완도 및 해남 등 바닷가의 아름다움은 이미 잘 알려져 있어 굳이 설명할 필요가 없다. 한려해상국립공원이나 다도해 해상국립공원은 전 국민의 휴양지이고, 누구나 가보길 꿈꾸는 곳이기도 하다. 최근 제주도의 전원주택도 많은 관심을 끌고 있다. 육지와는 다른 특성으로 '제주도 한 달 살기' 등을 선호하면서 전원주택을 많이 짓고 있다. 저가 항공사들이 많이 생겨 제주도 나들이를 더욱 수월하게 해주고 있다.

제조공장 및 물류창고는
수익 공간이다

토지 투자를 주택지로 한정하지 마라

일반적으로 토지 투자를 하면서 주택부지로만 한정하는 경우가 대부분이다. 주택을 신축해서 분양하는 사업이 흔하고, 또 접근하기가 쉽다고 생각하는 것 같다. 토지 투자를 하는 데 있어서 굳이 주택에만 한정할 필요가 없다. 주택지 개발도 똑같은 개발행위허가를 받아서 토목공사를 한 후 그 땅에 주택을 신축하는 것이다. 공장이나 창고는 똑같은 땅에 주택 대신 공장이나 창고를 신축하는 것이다. 같은 땅에 공장이나 창고를 지을 경우, 신축공사 자체는 주택보다 공정이 적어서 공기(공사하는 기간)가 훨씬 짧다.

개발 후 분양할 때도 주택의 경우는 토지를 100~150평으로 분할하므로 필지 수가 많아 분양 기간이 오래 걸린다. 공장이나 창고의 경우는 매수자의 수요에 따라 다르겠지만, 대개 300~1,000평으로 분할, 매각하므로 분양이 빨리 끝난다. 개발행위허가를 받는 과정은 똑같은데 분양이나 건축공사 기간이 짧고, 투자금의 회수가 그만큼 빨라 사업성이 더 높은 것이다. 그러니 굳이 주택 신축사업만 고집할 이유가 없는 것이다. 투자란 수익과 함께 자금을 빨리 회수하고, 투자 후 단기간에 자금화할 수 있는 것이 최선이다.

제조업이 살아야 경제가 산다

제조업의 경기가 활성화되어야 토지 투자도 활발해진다. 경기가 좋아야 공장과 창고의 수요가 늘어나기 때문이다. 제조업은 우리나라의 경제를 일으켰고, 지금도 계속 우리의 경제를 이끌고 있다. 하지만 한국의 제조업은 지금 위기다. 자동차는 최악의 실적을 기록하고 있고, 스마트폰도 불안하다. 조선은 수주불황에서 벗어날 기미를 보이지 않고 있다. 철강, 석유화학, 섬유 등은 공급과잉으로 구조조정이 시급하다. 반도체도 중국의 추격으로 낙관할 수 없다.

이러한 상황에서 제조업을 살리기 위한 정답은 이미 나와 있다.

우선 기업은 과감한 투자를 통해 혁신역량을 깨워야 한다. 노사합의를 통해 노동 시장의 경직성을 완화해야 한다. 정부는 규제를 과감히 풀어서 최소한 경쟁국과 비교해서 기업을 운영하는 데 있어서 더 나은 여건을 만들어줘야 한다. 그러나 현실은 정반대다. 비정규직의 정규직화, 최저임금 인상, 근로시간 단축 등 기업에 부담을 주는 정책이 넘쳐나고 있다. 매년 1,100여 건씩 규제가 새로 생기고 있다고 한다. 제조업은 우리 산업의 근간임을 잊지 말아야 한다.

토지 투자로 물류창고를 노려라

제조업과 함께 물류창고 산업이 동반 성장해야 한다. 최근 물류창고의 부족으로 제조업이 위협받고 있다. 예를 들어 M업체 직원은 제품을 보관할 창고가 부족해 성수기에 제품 생산을 더 하고 싶어도 못하는 실정이라고 한다. 또 D업체는 공장용지 3,300㎡ 중 70%를 적재장소로 사용 중이지만, 좁아서 제품 생산을 제대로 못 하고 있다고 한다.

공장건물과 물류창고가 부족한 상황으로 인해 제조업 자체가 위기에 처할 정도다. 이것을 역발상으로 바꾸면, 토지 투자자에게는 더 많은 기회가 주어지는 것이다. 공장건물이 계속 공급되어야 하는데, 물류창고가 부족하니 그만큼 땅이 더 필요하다. 특히 물류창고의 경우, 제조품목에 따른 차이는 있겠지만, 땅값이 저렴한 보전관리지역이나 생산관리지역 및 농림지역에서도 신축할 수 있다. 저렴한 땅을 사서 개발행위허가를 거쳐 토목공사를 한 후 물류창고를 신축하면, 분양하든, 임대하든지 해서 투자 수익률을 많이 높일 수 있다. 토지 투자로 적극적으로 고려해볼 만한 반가운 소식이다.

제조공장은 물류의
편리성을 따져라

대형 물류창고는 교통의 요충지에 모인다

소규모의 제조업을 할 때는 대형창고가 필요 없지만, 사업이 커지고 제품의 종류가 많아지면 대형 물류창고가 있어야 한다. 물류창고업을 등록하고, 물류센터를 운영하는 기업도 있다. 이들은 물류창고를 대형으로 지어서 운영한다. 대형 물류창고의 입지조건은 도심 접근성과 신속성이다. 창고가 도심에 있으면 좋겠지만, 도심의 토지는 한정되어 있고 땅값이 너무 높아 도심에 확보할 수 없다. 따라서 수도권의 고속도로 IC 근처에 밀집하고 있다.

운송비에 민감한 물류유통업체들이 서울 및 수도권에 1일 1~2회 배송을 하고 있다. 이러한 조건에 맞는 지역으로 경기 남동부지역을 물류

배송기지로 선호한다. 물류창고에 대한 투자자의 관심이 커지고 수요가 증가하면서, 용인 양지, 덕평, 이천, 안성, 평택 등의 IC 근처에 물류센터들이 대거 입점하고 있다.

중소 제조업체들도 물류창고를 직접 신축하는 경우가 많다. 코로나19 사태의 장기화 및 정보통신의 발달로 인해 유통산업 환경이 변해 온라인 쇼핑 등 전자상거래가 급증했다. 따라서 제조업체들은 직접적인 마케팅과 즉각적인 물류유통을 위해 물류창고를 마련하지 않을 수 없게 됐다.

중소 물류창고는 제조공장들과 함께 한다

화성이나 안산의 반월공단이나 시화공단 등의 공장 밀집 지역에는 큰 물류단지나 물류센터가 없다. 규모가 큰 물류창고들은 수도권의 외곽지대에 있어 중소기업들이 이용하기에는 불편하다. 따라서 중소 물류보관창고는 중수 제조공장이 밀집해 있는 지역에 혼재해 있는 것이다. 사정이 이렇고 보니 물류보관창고가 심각하게 부족한 실정이다. 안산과 시화의 공단지역에는 더는 공장이나 물류창고를 신축할 땅이 없다.

시화공단이나 반월공단에 입주해 있는 공장들이 이전하거나 확장하는 경우 화성으로 넘어오고 있다. 안산의 국가산업단지 내에서는 공장의 매매나 임대가격이 비싸기 때문이다. 공장들이 화성으로 넘어오면서 물류 보관창고도 함께 넘어온다. 공장은 시화공단이나 반월공단에 있으면서 물류 보관창고만 화성지역에 신축하는 예도 허다하다. 땅값이 비교적 저렴한 화성으로 이전하는 경우 공장이나 창고의 신축비용을 절반 정도로 줄일 수 있다.

물류 보관창고는 보전관리지역이나 생산관리지역에 지어라

공장이나 창고를 계획관리지역에 신축하면, 건폐율을 2배로 적용해서 크게 지을 수 있겠지만 땅값이 비싸다. 땅값이 싼 보전관리지역이나 생산관리지역의 임야를 매입해 신축하면 비용을 줄일 수 있다. 싼 땅을 크게 매입해 넓은 야적장으로 사용하다가 나중에 계획관리지역으로 변경, 신청할 수 있다. 보전관리지역이나 생산관리지역을 개발해 공장이나 물류창고로 사용하면서 나중에 계획관리지역으로 변경을 한다면, 토지의 가치를 2배로 늘려 공장증축도 할 수 있고, 땅값도 2배 가까이 상승하게 되므로 투자의 이익을 극대화하는 것이다.

물류창고 임대사업이 떠오르고 있다

2021년 물류센터의 거래 규모가 역대 최고치다. 4분기 기준, 수도권 물류센터의 공실률도 1.8%로 최저치다. 이는 글로벌 종합 부동산 서비스 회사인 JLL 코리아(존스랑라살르)의 2021년 4분기의 물류센터보고서에서 밝힌 내용이다.

인플레이션 우려로 매년 임대료를 올려 받을 수 있는 실물 자산에 관한 관심이 늘고 있다. 금리 인상기에 접어들면서 부동산 투자가 늘어난 영향도 컸다. 특히 2021년에는 입지에 따라 물류센터가 준공되기도 전에 선매입하는 사례가 늘어났다.

가장 인기가 많은 곳은 남동부 권역으로 0.2%의 공실률을 기록했고, 중부 권역은 1.1%, 북부 권역은 최근 2년간 제로 공실률을 유지하고 있다. 서부 권역은 신규 준공이 많아지면서 5.0%를 기록했다.

상가점포에 투자하지 말고
공장이나 물류창고에 투자하라

코로나19로 인해 자영업자들이 생계에 엄청난 위협을 받았다. 전염병의 확산을 막기 위한 정부의 코로나19 대응 방침을 무시할 수도 없었다. 저녁 영업 시간 제한과 인원 제한으로 자영업자들의 영업이 어려웠다. 임대료를 받아서 생활하는 건물주의 고통도 말이 아니다. 자영업을 하는 임차인들이 활발히 영업해서 임대료를 충실하게 입금해야 그 돈으로 생활을 하는데, 임대료를 받지 못하니 건물주도 같은 입장이다.

상가들이 코로나로 인한 경기 침체로 공실 기간이 길어지면서 점포주들이 큰 타격을 받았다. 건물주들은 세입자를 구하지 못해 빈 상가의 건물 관리비까지 떠안게 돼 월수입은커녕 별도 지출이 늘어나고 있다. 일부 투자자들은 종부세까지 내는 이중고를 겪고 있다. 상가에 투자한 시민들은 코로나19와 겹쳐 직격탄을 받고 있다.

상가란 상권이 살면 큰 자산이 되지만, 상권이 살지 못하면 자산가치가 형편없게 된다. 차라리 공장이나 물류창고를 위한 토지에 투자했으면 부족한 수요를 채워주고, 임대수입으로 투자 수익을 극대화했을 것이다. 지금부터라도 공장과 창고 등의 토지 개발 투자에 적극적인 관심을 가질 것을 권한다.

대한민국 제1의
공장 집결지, 화성

수도권에 공업단지가 밀집해 있다

1980년대 초까지만 해도 서울과 수도권에 공업단지가 밀집해 있었으나 서울의 공장들은 지방 및 인천, 안산, 화성 등으로 분산됐다.

우리나라의 공업지대로는 서울·인천을 중심으로 안양·수원·부천·의정부 등 경기 일원의 경인공업지대, 부산·울산·포항·마산·진해·통영·여수 등지를 연결하는 남동임해공업지대, 대구·구미 등지와 그 주변 지역을 포함하는 영남내륙공업지대, 삼척·영월·제천 등지를 중심으로 하는 태백산공업지대, 광주·전주 등지와 그 주변 지역을 포함하는 호남공업지대가 있다.

수도권 팽창에 따른 지가의 상승과 공업의 집적으로 인한 공해 문제가 심각해지면서 공해 공장을 우선 지방에 분산시키는 방안이 추진됐다. 구로의 한국수출산업공업단지는 2000년 서울디지털산업단지로 명칭을 바꾸면서 반도체 등의 첨단 산업이 발달하고 있다. 2008년 9월 기준, 입주업체는 8,416개이며, 한국산업단지공단의 벤처센터 건립을 필두로 첨단 도시형 산업단지로 급속히 변화하고 있다.

대한민국 제1의 공장지대는 화성이다

화성시는 소멸위험지수가 가장 낮은 도시로 뽑혔다. 교통망 확충과 기업 이전에 따른 활성화 덕분으로 인구가 꾸준히 유입된 결과다. 지난 10년(2010년~2019년)간 인구 순유입(29만 9,000명)이 전국에서 가장 높았으며, 지난해 경기도로 유입된 서울 인구 중 4만 2,000명(약 80%)이 화성시로 들어왔다. 화성시 인구는 2021년 9월 말 기준, 총 93만 명이 넘는다. 특히 도시 구성원 중 30~40대의 젊은 층 비율과 생산가능인구(15세~64세) 비율이 72%로 전국 1위를 기록했다.

화성의 동부지역은 삼성 중심의 반도체단지가 있다. 중부지역(향남, 발안, 남양)과 서부지역(우정)은 현재 개발 중이다. 중부지역은 향남제약단지, 마도산업단지, 바이오밸리 등이 있고, 서부지역은 현대기아차 기술연구소, 기아자동차 공장이 위치한 미래 자동차 산업의 중심지다.

서해선 복선전철, 신분당선, 신안산선 등 3개 노선이 예정되어 있어 트리플 역세권으로 향후 성장성이 매우 뛰어나다. 2021년을 기준으로 보면, 화성시는 삼성, 현대차를 포함해 25개 대기업과 1만 691개의 중소기업들이 자리 잡은 수도권 최대 기업도시로 발전했다.

공장용지개발 사업은 화성에서 하라

도농지역인 화성시는 계속 성장일로에 있다. 지속적인 교통망 확충과 기업 이전 활성화로 메가시티로 발전하는 수도권 최대 기업도시다. 공장용지 개발사업은 공장이 가장 많은 지역에서 해야 한다. 시화공단이나 반월공단 주변에는 개발할 땅이 없다. 공장을 신축하거나 확장할 계획이 있는 업체는 화성시로 넘어오고 있다. 아직은 화성시의 땅값이 적정한 수준이고, 향후 미래의 투자 가치는 상당히 높기 때문이다.

평택시에도 공장들이 많이 입주하고 있다. 삼성전자와 LG전자가 있고, 포승공단 및 진위산업단지 등이 있으며, 중국으로의 관문인 평택항이 있어 제조업체들이 많이 들어서고 있다. 경남 김해시에도 제조업체 공장들이 많이 들어서 있다. 창원국가산업단지와 부산의 녹산국가산업단지 및 화전지구일반산업단지 등이 있어 대기업들의 1~2차 협력업체들이 대거 김해에 입주해 있다.

이러한 지역에서 토지 투자를 해야 한다. 임야나 농지를 개발해 공장용지나 창고용지 등으로 공급하고, 공장이나 창고 건물을 지어서 분양하는 투자를 검토해보자. 대개 이러한 지역에는 더 이상 투자할 땅이 없다고 한다. 그렇지 않다. 투자할 땅은 얼마든지 있다. 지도를 보면서 연구하고 발품을 팔아서 찾으면 얼마든지 있다.

숨어 있는 땅을 찾아서 적극적으로 투자를 하자.

물류단지 개발 사업을 화성에서 하라

물류창고가 너무 부족하다. 중소제조업체들은 물류보관창고 부족으로 제품생산에도 차질을 겪고 있다. 이를 해소하기 위해 화성시에서는 남양읍 시리 일원의 20만 평을 '시리물류단지 개발사업'을 위해 '개발행위허가 제한지역 지정 고시'를 공고했다.

시리물류단지는 국토교통부 '물류시설 종합계획' 및 '국가철도망 구축계획'에 따라 경기도 서남부 지역 난개발을 예방하고, 부족한 물류시설을 집적화하며, 코로나 이후 급성장하고 있는 생활 물류 서비스 수요에 대응하기 위해 계획됐다.

화성도시공사는 약 65만m^2의 부지에 사업비 약 2,300억 원을 투입해 2026년까지 시리물류단지를 조성할 예정이다. 이는 화성시가 강력히 추진하는 '화성형 그린뉴딜'의 일환으로 수소·전기차 충전소, 태양광발전시설 설치, IoT 기반 단지 관리 등을 접목한 친환경·스마트 물류단지로 개발된다.

사업 대상지는 서해안복선전철 송산역 컨테이너화물야적장(CY)과 맞닿아 있고, 송산그린시티 동서 진입도로, 국도 77호선, 평택시흥고속도로 송산마도IC와 인접해 있어, 수도권 복합물류 거점에 최적지로 평가되고 있다. 중소 물류 기업 지원 및 지역경제를 활성화하고, 물류거점 개발을 통한 지역산업 거점 확충 및 일자리 창출이 기대된다.

노후대책용으로 공장 및 물류창고 임대업을 하라

앞서 설명한 것들은 토지 투자를 통해 공장 및 창고용지 개발을 적극적으로 추천하고자 한 것이다. 토지 투자를 주택개발이나 전원주택지 공급에만 한정하지 말고, 공장 및 창고용지에도 관심을 가져보자.

지금까지 충분히 설명했으니 이제는 본인이 발품을 팔아가면서 과감히 투자를 실행해보기 바란다. 화성에서의 공장과 물류창고 개발의 투자를 시작해보라는 말이다.

은퇴한 후 노후대책으로 공장 및 물류창고 임대업도 안정적이고 수익성 높은 사업이다. 상가나 주택으로 임대사업을 하려고만 하지 말고, 공장이나 물류창고로 관심을 돌려 보라. 예를 들어, 공장건물 60평짜리 5동을 임대하면 매월 750만 원씩 수입이 생긴다. 앞 장에서 그 수익률은 계산해본 바 있다. 물류창고의 임대도 마찬가지다. 노후대책으로는 높은 수익률인 연 8~10%의 고수익 사업이다.

토지 매입 결정 및 매매계약 체결

매매계약 체결 전 토지를 10회 이상 둘러보라

토지 투자를 할 때, 토지를 먼저 충분히 조사하고 검토한 후 매입을 결정해야 한다. 매매계약을 체결할 때 몇 가지 주의사항들을 다시 한번 정리해본다.

① 진입로

진입로는 가장 중요한 부분이다. 지적도와 현황의 도로가 일치하는지 확인해야 한다. 지적도에는 도로가 있는데 현황상 없다거나, 현황은 있는데 지적도에는 없을 수가 있다.

② 토지 경계

현장에 갔을 때 지적도와 실제의 모양이 비슷한지를 확인해야 하고, 그 경계를 어느 정도 육안으로 확인할 수 있어야 한다. 스마트폰의 위성 지도로 확인해볼 수 있다.

③ 공부서류

토지 대장이나 임야 대장 및 등기부등본 등을 확인해야 한다. 소유권자 확인 및 토지의 지목을 확인하고, 근저당권, 지상권 등을 확인하고, 권리자가 누구인지 정확히 알아야 한다.

④ 토지 위의 지상물

건물이 있는 경우 건축물 대장과 실제의 건물을 확인해야 한다. 무허가건물이나 농작물, 무단거주자가 있으면 별도의 협의를 거쳐야 한다.

⑤ 묘지

묘지가 있는 경우 그 주인과 별도의 협의를 해야 하고, 묘지주인에게 분묘기지권이 있으니 특별히 주의해야 한다.

⑥ 기타사항

토지 위로 고압선이 지나가는지, 인근에 철탑, 축사, 납골당 등 혐오시설이 있는지 등을 확인해야 한다. 또 인근에 군부대가 있는지도 확인할 필요가 있다.

토지를 매입할 때 현장 답사를 여러 번 다녀야 한다. 동서남북 각 방향에서 토지를 바라보고, 요일별 도로 사정 및 접근성이 다를 수도 있으니 확인하고, 임야인 경우 산속을 훑고 다녀볼 필요가 있다. 현장 답사를 하러 갔을 때 땅 모양, 면적, 경계, 지반의 형태와 구성 및 무허가 건물이나 무단거주자가 있는지 등을 자세히 살펴야 한다.

10회 이상 둘러보는 동안 토목사무소와 허가 여부를 검토하라

토지 투자자들에게 현장 답사를 10회 이상 다니라고 한다. 여러 번 보고 계속 봐도 볼 때마다 새로운 것을 발견한다. 경험해보신 분들이 많을 것이다. 이렇게 여러 차례 다니면서, 개발행위허가를 진행해줄 토목사무소를 정해서 허가 여부도 함께 검토해야 한다. 궁금한 것들은 계속 질문하고, 조금이라도 의심스럽다거나 이상한 것이 있으면 거리낌 없이 협의해야 한다. 토목사무소와 친분을 만들고 자주 만나면서 친한 사이가 되어야 무엇이든지 편하게 협의를 할 수 있다. 필요하면 함께 막걸리도 마시고, 취미가 같으면 취미활동도 함께하면서 친분을 가져야 한다. 허가서를 받고 토목공사가 끝날 때까지 토목사무소와 계속 협의해 나가야 하기 때문이다.

토지 관련 모든 서류를 외워라

매입을 검토할 때 가장 먼저 토지이용계획확인서를 발급받아 지목, 면적, 지역·지구확인 및 제한사항 등을 꼼꼼히 확인해야 한다. 지적도, 토지 대장이나 임야 대장 및 등기부등본을 발급받아 땅 모양, 인접 땅과의 관계, 면적과 소유권을 확인하고, 담보권이나 제한물권 설정 여부 등을 확인한다. 추가로 필요한 서류가 있으면 주저 말고 구해서 확인해야 하고, 궁금한 것이 있으면 지주나 공인중개사 또는 지자체의 담당 부서로 전화해서 확인해야 한다.

현장 답사도 여러 번 다니면서 '이리 보고 저리 보고'해야 하지만, 토지 관련 서류들도 여러 번 확인해서 조금이라도 문제점이 있는지를 꼼꼼하게 점검해야 한다. 궁금하거나 조금이라도 이상하다 싶은 것이 있으면 공인중개사에게 연락해서 명확해질 때까지 확인해야 한다.

계약서를 작성할 때 특약사항에 기재해야 할 사항이 있으면 절대 빠트려서는 안 된다.

매입 결정이 되면 즉시 매매계약을 체결하라

모든 것을 점검하고 확인했으면 즉시 매매계약을 체결하라. 이제는 머뭇거릴 필요가 없다. 허가사항까지도 거의 다 짚었으니까 이제부터는 하루라도 서두르는 것이 투자자에게는 이익이 된다. 투자했을 때 어느 정도의 이익이 생기는지를 이미 확인했을 것이다. 그러면 하루라도 빨리 내 것을 만들어서 수익을 창출해야 한다.

허가서를 빨리 받는 것이 가장 중요하다. 아무리 서둘러도 허가서를 받지 못하면 땅에 손을 대지 못한다. 모든 것이 허가서를 받고 나서 시작이기 때문에 허가서 받는 일에 최선을 다해야 한다. 허가서는 토목사무소에서 얼마나 빨리 움직여 주느냐에 따라서 달라질 수 있다. 그래서 토목사무소와 친밀한 관계를 유지하라고 하는 것이다.

매매계약을 체결하면 이제부터는 시간이 돈이다

매매계약을 체결하는 순간, 매도자와 매수자에게는 권리와 의무가 생기는 것이다. 매수자 쪽에서는 업무를 서둘러 날짜에 맞춰서 잔금을 내야 한다. 약속한 날짜에 잔금을 지급하지 못하면 계약위반이 된다. 계약위반에 대한 페널티는 잘 알 것이다.

매매계약을 체결하면 즉시 개발행위허가 신청을 해야 하고, 개발행위허가증을 빨리 받기 위해서 서둘러야 한다. 개발행위허가증 없이는 아무것도 할 수 없고, 개발행위허가를 받아야 비로소 형질변경 등 개발행위가 가능해지기 때문이다.

토지를 매입하면서 대개 금융기관의 대출금을 이용한다. 물론 잔금을 치를 때 대출을 받지만, 여기에서 한 설명은 허가를 빨리 받고 잔금을 치러서 공사를 빨리 착공해야 한다는 이야기다. 서둘러야 경비를 줄이고, 불필요한 낭비를 줄이게 된다. 그것이 곧 수익을 창출하는 것이고, 수익성을 높이는 길이다.

개발행위허가를 진행하면서 토목공사 계획을 수립하라

개발행위허가 신청을 하고 나면 시청 허가과에서 연락이 올 때까지는 특별히 할 일이 없다. 허가과나 산림과 등에서 토목사무소로 연락이 오면 대개 서류보완이나 현장의 확인사항 또는 입목조사 관련 등의 요청사항이다. 그런 요청사항들에 대해서 바로바로 필요서류를 제출해야 업무가 빨리 진행된다. 늦게 제출하는 만큼 허가가 늦어진다. 모든 것이 토목설계사무소에 달린 것이다. 수시로 토목사무소에 들러 확인할 필요가 있다.

허가절차를 진행하면서 투자자로서는 허가증 수령 후 해야 힐 일들을 준비해야 한다. 경계측량, 벌목작업, 필요시 진입로공사, 토목공사 등 각 공정에 따른 장비와 업자 선정 등 할 일이 여러 가지다. 토목공사도 절토 및 성토, 배수로공사, 옹벽공사, 보강토 쌓기 및 단지 내 도로포장, 전기, 상수도 또는 지하수, 통신, 하수관로 등의 공사를 대비해서 계획을 수립해 차근차근 준비해야 한다.

개발행위허가를 받으면 토목공사 시작 전부터
마케팅 전략을 서둘러라

개발행위허가를 받아 허가증이 나오면, 사전에 토목공사에 대한 계획을 수립해놓았으므로, 그 계획대로 토목공사를 시작하면 된다.

이제는 토지나 건물 신축 후 분양에 대한 마케팅 전략을 수립해야 한다. 주변의 부동산 중개사무소나 친분이 있는 공인중개사와 협의를 통해 분양을 계획하고 진행해야 한다. 지금부터는 개발한 부동산을 팔아야 한다. 다시 말해서 공장용지를 분양하거나 공장건물을 신축해서 매각할 계획을 수립하고, 분양계약을 체결해야 한다. 분양계약을 체결하는 순간 수익은 발생하는 것이고, 그 수익성을 극대화하기 위해서 전략이 필요한 것이며, 서두르는 것이다.

토지 매입을 하기 전
마을 주민들을 만나라

토지를 4~5회 둘러보는 동안 마을 주민들을 찾아가서
자연스럽게 대화하라

토지를 매입고자 할 때 매입 결정을 하기 전 10회 이상 현장을 방문해보기를 바란다. 갈 때마다 다른 점을 발견하게 될 것이고, 궁금한 점이 생길 것이다. 그럴 때마다 공인중개사에게 물어봐야 한다. 현장 답사를 3회 정도 하고 나면 그 토지에 대한 특성을 파악하게 될 것이고, 땅의 그림이 머릿속에 훤해질 것이다. 그럴 때 마을의 주민이나 이장님을 자연스럽게 찾아가 인사를 드린다. 시골 마을의 이장님과 친분 있게 지내면 앞으로 여러 가지 도움을 받을 수 있기 때문이다.

나중에 토지를 매입해서 토목공사를 하게 되면, 마을 주민들과의 친분이 엄청난 영향력을 행사한다. 덤프차가 드나들고 토목공사 장비들이 지나갈 때마다 마을에서는 소리와 먼지 등으로 관공서에 민원을 접수할 수도 있다. 주민들과의 친분이 두터우면 모두 양해를 해주신다. 요즘 시골 마을에는 대부분 노인분이다. 적적하실 때 가끔 찾아뵙고 막걸리라도 한 잔씩 하면서 이런저런 대화를 나누고, 간단한 집안일을 도와드릴 수 있으면 엄청 고마워하신다. 그렇게 친분을 쌓아놓으면 좋은 일만 생길 것이다.

마을의 이장님과 대화하면 여러 가지 정보를 얻을 수 있다

마을의 이장님도 대부분 연세 드신 노인분이다. 시골에서는 70대 초반 어르신이 젊은 축에 들기 때문에 이장님들이 70대이신 분들이 많다. 어릴 적부터 그 마을에서 나고 자라서 지금까지 살고 계신 분들이 대부분이다. 자식들을 모두 출가시켜 외지로 내보내고, 노부부 두 분만 살고 계신 경우가 허다하다. 노인분들과 대화를 해보면 특별한 화젯거리도 없다. 막걸리 한잔 드시면 자식 자랑과 손주 자랑, 재산 자랑 등이다. 만나는 횟수가 늘어날수록 외지에 나가 사는 자식들의 근황을 거의 다 파악하게 된다.

그런 시간이 반복되면 내가 투자하고자 하는 땅에 대한 모든 정보가 흘러나온다. 예전에 누구랑 계약했다가 파기된 적이 있다거나, 저 땅을 팔아서 어디 사는 아들네한테 돈을 보내주려고 한다거나 등등 땅의 내력 및 관련된 사연들을 듣게 된다. 대부분 계약을 하지 못할 사유는 없는데, 그 땅의 주인이 누구랑 서운한 일이 있었다거나 할 때는 서운했던 사람을 좀 챙길 필요가 있다. 혹시라도 공사 도중 민원을 넣는다거나 현장에 찾아와 공사를 못 하게 방해할 수도 있으니까 말이다.

전원주택이든, 공장용지개발이든 마을 주민들과 친해져야 한다

반복되는 이야기지만, 토지 투자를 할 때 마을 주민들과는 반드시 친해져야 한다. 살아가면서 이웃과 친하게 지내고 이웃집 어른들을 챙기고 하는 것은 우리나라의 미풍양속이다. 이웃과 친해져서 나쁠 일은 없다. 물론 어떤 목적의식을 가지고 일부러 친해지려고 하는 것은 상대방이 좀 나쁘게 생각할 수도 있다. 비록 목적은 있지만 그렇게 생각하지 말고, 마을의 땅을 사면 그 마을의 주민이 된 것이나 다름없으니까, 마을의 어르신들을 챙긴다고 생각하라. 어르신들을 보살펴 드리고, 웃어른을 공경한다는 생각으로 친밀해지면 나쁠 건 없을 것이다.

마을 노인정에서 삼겹살 파티를 한 번씩 해드리는 것도 좋은 일이다. 가끔 시골의 고향마을에 가면 노인정에 놀고 계신 마을 어르신들께 치킨이나 생선회 등 20~30만 원씩 쓰지 않는가. 그렇게 보면 나쁘게 생각할 이유가 전혀 없다. 토지를 투자하는 입장이고, 또 마을 주민들의 도움을 받아야 하는 처지라면 그 정도의 비용은 써야 한다.

　마을의 발전기금 이야기는 본인이 먼저 꺼내서 주민들을 기분 좋게 해드리는 것이 좋다. 어차피 사업 수지 분석표상 지출할 비용으로 계획되어 있는 것이라면 피할 수도 없고, 피해서도 안 된다.

　돈이란 것은 100을 쓰고 500의 효과를 볼 수도 있고, 500을 쓰면서 100의 효과도 못 볼 수가 있다. 발전기금 이야기를 먼저 꺼내서 합의되면 어르신들은 모두 칭찬해주신다. 그 효과는 기대하는 것보다 클 것이다. 반드시 참고하기 바란다.

이장님은 향남의 엘리트이면서 효자 아들이었다

　2015년에 화성 향남에서 생산관리지역 농지 1,500평을 경매받아 공장용지로 개발해 분양했던 이야기다. 현장이 공장들과 인접해 있지만, 진입로는 농로를 사용하고 있었다.

　경매에 입찰하기 전 현장 답사를 수도 없이 다녔다. 이쪽으로 가 보고 저쪽으로 가 보고, 일요일 및 휴일에도 가 보고 주중에도 가 보고, 주변의 공장들과 옆 마을의 공장들까지 훑어보고 다녔다. 그 땅의 진입로가 약간 문제가 있어서 투자자들이 망설이고 있는 것 같았다. 그 땅의 진입로는 농로였는데, 지적도상 '구거'지만 논으로 많이 사용하고 있어서, 현황상 차가 통행할 수 없었다. 그것을 해결할 방법이 없을까 하고 고민하다가 마을 이장님을 만나봐야겠다고 생각했다.

마을 이장님을 찾아가서 주변의 지리를 물어보는 척하며 슬그머니 자리를 잡고 앉았다. 이장님은 60대 중반쯤 되셨고, 나름대로 상식이 많은 분이셨다. 그 마을은 향남 택지개발지구에서 가까워 시골이라 하기에도 모호한 곳이었지만, 주민들은 농사를 짓고 있었다. 마을에는 다가구주택들도 있어서 공장에 출퇴근하는 사람들이 살고 있기도 했다. 다가구주택의 원룸 임대 시세도 물어보고, 공실률이 얼마나 되는지, 마을 주민들의 생활 형편이 어느 정도인지 등으로 한참 이야기를 나누었는데, 대부분 여유 있게 살고 있다고 하셨다. 그날은 그렇게 이야기를 마무리하고 돌아왔다.

세 번째쯤 만났을 때 막걸리를 한잔하게 됐다. 이장님은 축사에 젖소를 키워서 우유 납품도 하고 있었고, 논농사와 밭농사를 병행하고 있었다. 조상들로부터 물려받은 땅들을 그대로 소유하면서 농사와 축산을 함께 하는 큰 부자셨다. 자녀들은 모두 출가시켜 서울과 수원에서 살고 있었고, 노부모님을 모시고 부부만 이곳에서 농사를 지으며 살고 계셨다. 전문대학을 졸업하고, 젊은 시절에 객지 생활을 좀 했으나 집안의 장남이라 바로 낙향해서 부모님을 모시고 지금까지 살고 있다고 하셨다. 그때 당시 나도 부모님을 모시고 있을 때라 부모님을 모시는 이야기로 자연스럽게 대화가 흘렀다.

이야기를 나누는데 자신감이 생겼다. 경매로 나온 저 땅의 문제를 이장님의 도움으로 해결할 수 있을 것이라는 확신이 생긴 것이다. 사실대로 말씀드리고 저 땅을 경매받으면 개발할 수 있을지에 대해 의견을 물었다. 알고 보니 구거를 논으로 사용하시는 분이 바로 이 이장님이 아 닌가! 그 자리에서 바로 이장님께 공동사업을 제안했다. 공동명의로 낙 찰을 받아서 공장용지로 개발해 분양하기로 합의를 하게 됐다.

막걸리의 힘이고, 친분에 의한 신뢰의 힘이었다. 입찰보증금 10%는 내가 부담해 입찰하고, 잔금은 이장님의 10%와 경매 잔금 대출 80%로 해결하기로 했다. 이자와 공사비는 나중에 정산하기로 했다. 논으로 사 용하는 부분을 구거점용허가를 통해 도로로 편입해 개발행위허가를 받 아서, 사업지 토목공사와 도로공사를 함께하기로 했다. 그 이후 이장님 의 도움으로 입찰에서부터 토목공사, 공장용지 분양까지 순조롭게 마 무리할 수 있었다.

혼자 투자하는 것보다 투자 이익은 반으로 줄었지만 엄청난 결과였 다. 경매에서 놓치기는 아까워서 혼자 투자했다가 온갖 어려움을 겪으 면서 시간을 허비할 수 있었던 것을, 아주 편하고 수월하게 투자 이익 을 챙길 수 있었던 그때를 생각하면 매우 흐뭇해진다. 그 당시 화성시 청에 이장님의 지인들이 많아서 자문도 많이 구하고, 이장님께 많은 신 세를 졌다.

지금까지도 그 이장님과는 형과 아우로 매우 친하게 지내고 있는데, 술을 너무 좋아하셔서 매일 형수님께 혼나고 계신다.

현명한 부동산 투자의 시작
숨어 있는 토지 개발로 10억 만들기

초판 1쇄 2022년 5월 27일

지은이 노연길
펴낸이 서정희   **펴낸곳** 매경출판㈜
기획제작 ㈜두드림미디어
책임편집 배성분   **디자인** 노경녀 n1004n@hanmail.net
마케팅 김익겸, 이진희, 장하라

매경출판㈜
등록 2003년 4월 24일(No. 2-3759)
주소 (04557) 서울특별시 중구 충무로 2(필동 1가) 매일경제 별관 2층 매경출판㈜
홈페이지 www.mkbook.co.kr
전화 02)333-3577
이메일 dodreamedia@naver.com(원고 투고 및 출판 관련 문의)
인쇄·제본 ㈜M-print 031)8071-0961
ISBN 979-11-6484-400-5 (03320)

📍 부동산 도서 목록 📍

직장인들도
쉽게 따라할 수 있는
新 **부동산 공매**
가이드북

실전편

월도·증여·상속의 모든 것
기막힌
부동산
절세의
비밀

생활 속의 세금 상식을 담은
절세 필독서

경매·공매, 투자자의 자산가치 꼭 알아야 하는
부동산
매매임대사업자
세무
Real estate
Business
Tax
Guide Book
가이드북
실전편

나는
부동산 투자로
파산자에서
100억 부자가
되었다

경영학이 싫은 경매 투자자들의 신세계
지분경매,
공유지분,
독점경매

남들과 경쟁하기 싫고
혼자 전부 독식하고 싶다!

대한민국 1%만 알고 투자하는
신**배의 재테크**
GPL 투자의
기적

원금 금리보다 10배 이상
고수익 가능한 재테크의 발견

입찰에서 취득까지, 매입에서 명도까지
부동산 경매의 모든 것
이것이 진짜
성공 경매다

부동산 전문 아나운서의 재테크 실천법
결혼은 선택이지만
부동산
투자는
필수다

수익형 부동산 건축과 재테크 투자 비법
헌집 살래
새집 살래

건축을 알면
알짜 부동산이 한눈에 보인다!

부자 되는
주택
임대사업

이제 대세는 수익형 부동산이다
평생 돈 걱정 없이 사는 절세 부자 되기

돈 버는
공인중개사는
따로 있다

부동산 정책 분석
시장을 이기는
정책은 없다

부동산 정책을 알면 시장이 보인다!

전세가를 알면
부동산 투자
가 보인다

시장 심리를 파악하면, 투자 흐름이 보인다!
부동산 가격 변화의 비밀 '입지, 전세, 심리'

서울시 공정경제과
주무관이 알려주는
부동산
거래와
판례

스타들의
부동산
재테크

스타들이 사랑합니다 더 궁금한
그들만의 부동산 투자
스타가 좋아하는
부동산은 따로 있다?

지분 경매로
토지 개발업자 되기

부동산 재테크
역세권이
답이다

철도 & 역세권 15년 경력의 노하우

세무사 3인방이 알려주는
세무조사
대비의 모든 것

향후 5년 부동산 정책 핵심 공략
문재인 시대
부동산 트렌드

주택 연출가
무조건 따라하기

커피 한 잔 값으로
초대형 오피스 주인 되기
리츠
얼리어답터

고수에게 얻어듣는 블루오션 토지 경매
신의 한 수
금맥
경매
토지 경매로 금맥을 캐다!

주택
아파트
세무 가이드북
실전편

권리분석
완전정복으로
10년 안에
10억 벌기

고수가 알려주는 돈을 담는 바로 그것
대한민국을
움직이는
땅 투자 법칙 100

땅투자
10단계 절대불변의 법칙

돈의 보감
평범한 샐러리맨, 투잡 경매로
5년에 10억 벌다

나는 갭 투자로
300채 집주인이
되었다

토지
세무
가이드북
실전편

新
상가
투자
보물
찾기

상가
세무
가이드북
실전편

NPL
가격 산정의 비밀

응답하라!!
위기의
부동산

나는
토지 경매로
금맥을 캔다

토지보상경매
실전활용

세무조사
실무
가이드북
실전편

야생화의
기초 경매

자산을
블링블링 키우는
포인트 경매

국토도시계획을 알아야
부동산 투자가 보인다

불패의
부동산
36계 전략

GLOBAL REAL ESTATE
해외 부동산
투자 & 개발 바이블

부동산 경매
대법원 판례집

유치권
깨트리는 法
지키는 法

新 부동산
경매
바이블

울보멘토
야생화의
경매이야기

Perfect
퍼펙트
경매

NPL
투자분석과
계약실무

NPL
랭킹업
투자비법

REAL ESTATE
RICHES
부동산 부자들

손품 팔아
부동산
보물찾기
블로그 마케팅 편

NPL의
定石

지지 않는
권리분석 vs
이기는
명도

이것이 진짜
토지
투자다

부동산 투자 운영
매뉴얼

경매
학교종이
어서
모여라!

부동산
파는 기술 완전정복

두드림미디어
경매·경매, 재테크, 자기계발, 실용서 전문 출판 &임프린트

가치 있는 콘텐츠와 사람
꿈꾸던 미래와 현재를 잇는 통로

Tel. 02-333-3577
E-mail. dodreamedia@naver.com
https://cafe.naver.com/dodreamedia